스무 살,
내 몸을 공부할 때

스무 살,
내 몸을 공부할 때

박혜연
지음

소녀에서 어른이 되어가는 여성이
알아야 할 몸과 마음 이야기

아몬드

정신 건강 분야에서 일하다 보면, 의외로 몸의 상태와 경험에 관심을 가지게 됩니다. 꼭 있었으면 좋겠다 싶던 '몸과 성장을 중심으로 한 여성심리학 강의'를 친애하는 박혜연 선생님께 들을 수 있어 기쁜 마음으로 책을 펼쳤습니다. 읽다 보니 어느새 제가 중얼중얼 몸의 기억들을 풀어내고 있더라고요. "초등학교 5학년 때 월경을 시작했어요. 가슴이 나오면서 운동을 피하게 되었고요. 사춘기 때 살이 쪘는데 사람들의 시선과 참견이 괴로웠어요. 공부만 하다 어른이 되니 내 몸이 어디가 강하고 약한지, 뭘 좋아하는지 알지 못한 채 컨디션을 관리하고, 사교 활동을 하고, 연애를 해야 했죠. 그런 것들이 참 어려웠는데 뭐가 어려운지, 뭘 더 살피고 도움받아야 하는지조차 알 수 없었네요." 여러분도 이 책을 읽으면 몸에 관해 나누고 싶은 이야기가 참 많아질 겁니다.

스무 살의 몸은 그 자체로 활력이 넘치지만, 동시에 불안정합니다. 사회의 시선 또한 과도하기에 몸이 겪는 다양한 변화를 통과하며 느끼는 감정을 알아채고 이해받고 소화할 기회와 시간이 늘 부족하죠. 책을 읽으며 그 시절 내 몸이 변하고 책임과 관계가 변하며 느꼈던 어려움과 흥분, 고통과 즐거움을 짚어볼 수 있었습니다. 버겁고도 뿌듯한 경험이었고 나 자신과 깊은 연결감을 느꼈습니다. 내 몸과 나를 이해하고 싶은 여성 모두에게 이 책을 권합니다. 자상하고 따뜻한 이 책이 든든한 안내자이자 조언자이자 친구가 되어줄 것입니다.

안주연
정신건강의학과 전문의 · 《어쩌면 ADHD 때문일지도 몰라》,
《내가 뭘 했다고 번아웃일까요》 저자

여자 어린이가 초경을 했다고 갑자기 그날부터 성인이 되는 것은 아니다. 청소년 시기의 어색하고 불편한 몸의 변화를 잘 받아들이고 성장할 수 있도록 여자아이에게는 믿을 수 있는 언니가 필요하다.

책은 누군가에게 마음 편히 물어보기도 애매한 '월경', '첫 섹스', '술', '다이어트' 등 여자아이가 성인 여성이 되어 가는 시기에 꼭 알아야 할 것들을 속 시원히 알려준다. 자기 몸과 건강하게 관계 맺기 위해 필수적인 체육 활동에 대해 서도 '여자아이들이 너무 안 움직이려고 한다'에 그치지 않고, 왜 움직이지 않는지, 여자아이들의 체육 활동은 어떠해야 하는지 전문가와 함께 그 원인을 짚는다.

성인의 삶을 헤쳐 나가기 위해 각자도생으로 고군분투하는 이십 대 여성들에게 실용적인 정보와 더불어 자기답게 살아갈 수 있는 방향성을 제시하는 '내 책장 속 든든한 언니' 같은 책이다.

박은지
자기방어훈련 전문가 ·《여자는 체력》,
《나를 나답게! 자기방어 수업》 저자

여자아이는 어떻게 자라 어른이 되는가

여자대학에서 심리학을 가르치는 저는 이십 대에 들어선 지 얼마 되지 않은 여성들을 늘 만납니다. 이제막 청소년기를 지나 마치 고등학교 4학년 같은 느낌이 드는 신입생들부터 대학에 들어와 3~4학년이 된 학생들까지, 모두 아직 성인이 된 지 얼마 되지 않은 이십 대 초반의 여성이긴 마찬가지입니다.

학교에서 심리학 수업은 늘 인기가 있어요. 수업마다 강의실 규모는 제한되어 있으니, 수강 신청 기간이면 전운이 감돌 지경이죠. 특히나 여성의 특성과 젠더 역할을 심리학적으로 공부하는 '여성 심리학' 수업을 학생들이 참 좋아하는데요. 수업 시간에 강의실에서 만나는 학생들은 학기마다 다르지만, 여성으로서 살아가며 겪는 고민과 갈등, 심리학 공부를 통해 '나로 살아가기'를 시도해보고자 하는 마음은 늘 같음을 느낍니다. 그 꾸밈없이 진지한 얼굴들을 대하며 이 책을 쓰기로 결심하게 되었습니다.

이십 대는 발달상 '성인기 초기'에 해당합니다. 독립을 위한 심리적 과업이 많은 시기라 스트레스나 정신적 부담이 커지는 때죠. 여성이라면 더욱이 이 시기에 사회의 기대와 요구가 가하는 압박과, 자기 자신으로 살려는 시도가 충돌하며 갈등을 겪곤 합니다. 건강하게 사는 방법을 스스로 찾아야 하는데, '여성의 몸으로 건강하게 살기'는 '사랑받으며 살기'와 배치되는 것처럼 보이기 때문이에요.

이를테면, 사람들이 좋아하는 마른 몸이 되려면 음식을 잘 먹기보다는 무조건 적게 먹는 다이어트를 하거나 차라리 먹지 않기를 택하는 편이 나아 보입니다. 종아리 근육이 발달하면 달리기에 도움이 되고 지구력이 생기지만, 자칫 다리가 예뻐 보이지 않을까 싶어 운동에 소극적이 되기 십상이죠.

여성의 성장 과정에서 이런 갈등과 혼란은 꽤 일찍부터 시작됩니다. 아동기를 지나 초경이 시작되어 성적 성숙이 이루어지면, 점차 자기 몸에 주어지는 시선을 감당하고 적응하며 살아가게 되는데요. 그게 참 쉽지 않죠. 건강한 몸, 잘 기능하는 몸, 있는 그대로의 자기 몸에 관심을 두기에 앞서, 보이는 몸, 평가받는 몸, 욕망의 대상이 되는 몸, 혐오의 대상이 되는 몸을 신경을 쓰게 되기 마련이니까요. 이는 여성이 자기 몸의 상태, 느낌, 반응의 주체가 되기보다는 '대상'이 되는 데 익숙해지는 과정이기도 합니다. 여성의 몸을 대상화한 것은 사실 어제오늘 일이 아닙니다. 굉장히 오래된 일이죠. 사람들이 선호하는 '여성스러운 몸'의 이미지는 시대마다 조금씩 모습을 달리하면서도 늘 존재해왔고, 여성 개인은 그런 사회 분위기와 요구에서 자유롭기 어렵습니다.

이 책은 자기 삶을 살고자 진지하게 고민하고 노력하는 어리고 젊은 여성들을 위한 책입니다. 오늘날 여자아이들이 사회적인 시선과 평가 속에서 어떻게 자라 어른이 되는지 그 과정을 심리학자의 목소리로 이야기해보고자 했습니다. 사람의 몸조차 적극적으로 가치 매기는 자본주의 사회문화 속에서 여자아이가 초경을 겪은 뒤, 아니 그 전부터 스무 살이 될 때까지 각개전투를 치르듯 얼마나 힘들게 성장하게 되는지를 들여다봅니다. 아울러 그렇게 자란 여성이 어른으로 살아가는 동안 어떤 어려움을 맞닥뜨리고 감당하게 되는지도 이야기합니다. 제 경험을 풀어놓기도 하고, 객관적인 조사 자료와 과학적 연구 결과를 근거로 설명하기도 했습니다.

1장에서는 초경이 빨라졌지만 월경하는 어린이를 배려하지 않는 사회에서, 여자아이들이 어떻게 각자 자신의 월경과 몸의 변화에 힘들게 적응하고 있는지를 살펴봅니다. 아울러 이십 대 여성들에게 산부인과 방문의 문턱을 낮추어주고자 산부인과 진료에 관한 자세한 정보를 실었습니다. 2장은 여자아이들이 스스로 자기 몸을 대상화하게 되는 과정을 담고 있습니다. 마른 몸을 선망하고 질투하며 일상적으로 다이어트에 시달리다가 결국 자기 몸을 좋아하지 않게 되는 과정이기도 하죠. 3장에서는 여자아이들에게는 축구를 권하지 않는 사회, 여학생 체육 교육에 심혈을 기울이지 않는 학교 안에서 여자아이들이 점차 운동과 멀어지는 현상과 해결 방법을 짚어봅니다. 4장에는 그렇게 성장하여 이제는 성적인 존재로서 자신을 마주하게 된 이십 대 여성들이 어떻게 성적 주체성을 키워나가야 할지에 관한 고민을 담았고요. 마지막으로 5장에서는 관계 지향적이고 순응적으로 자라온 여성들이 '술을 권하는 사회'에서 의심 없이 음주 행동을 시도하는 것의 문제점과 자신을 보호하며 음주할 방법을 얘기합니다.

전문가 인터뷰를 통해, 현장에서 저와 같은 고민을 하며 열심히 애쓰고 계신 여러 선생님의 육성도 함께 담아보았습니다. 월경과 산부인과 진료, 성관계 시 주의 사항 등 이십 대 여성이 알아야 할 성 지식을 담은 대목에서는 산부인과 전문의 서백경 선생님이 도움을 주셨고요. 과학 교육자 문공주 교수님, 전(前) 국가대표 여자야구단 코치 방순진 선생님, 체육 교육을 전공한 초등 교사 박수진(가명) 선생님께서 여자아이들이 왜 체육 활동에서 멀어지게 되는지, 교육 환경의 현주소와 그 개선 방법에 관해 꼭 필요한 정보와 값진 의견을 주셨습니다. 네 분 모두 전문가로서뿐 아니라 여성의 삶을 사는 당사자로서 진심과 애정이 담긴 이야기를 전해주셨습니다.

두 가지를 미리 밝힙니다. 우선, 이 책은 젠더 다양성을 다루고 있지는 않습니다. 일부 이야기들은 여성의 몸으로 태어나 여성의 정체성을 가지고 남성과 성적인 관계를 맺는 '헤테로섹슈얼 시스젠더 여성'의 경우에 국한되어 있습니다. 이렇게 책에 제한된 이야기를 담은 것은 기획과 지면상의 한계 때문이었을 뿐, 혹여 젠더 다양성에 관한 편협함으로 읽히지 않기를 바라는 마음입니다. 두 번째, 책의 2장과 4장에 제 수업에 참여했던 학생들의 글을 일부 인용했습니다. 이십 대 여성들이 겪는 실제 고민과 심리적 갈등을 생생한 목소리로 전하고자 하는 의도에서였는데요. 기명 글의 경우, 개인 정보가 드러나지 않는 부분을 발췌하되 쓴 학생에게 인용해도 좋다는 허락을 받았습니다. 익명으로 쓴 글은, 글쓴이를 특정할 수 없는 대목을 발췌하거나 본래의 내용을 훼손하지 않는 정도로 고쳐 썼습니다.

내 인생의 이야기에서는 나 외에 그 누구도 조연입니다. 노벨상을 받은 먼 나라의 훌륭한 사람도, SNS에 부러운 일상 사진을 업로드하는 금수저 친구도, 나를 아낀다는 명목으로 지적하고 평가하는 주변 사람들도 어김없이 조연일 뿐이죠. 나만이 내 인생의 이야기를 써 내려갈 주인공이자 작가이니, 그들에게 어느 정도 분량의 역할을 줄 것인지는 내가 정할 일입니다. 여성들이 자기 몸으로 사는 자신의 인생에서, 작가이자 주인공으로서 스스로의 역할을 멋지게 기획하고 펼쳐내기를 바랍니다.

마지막으로 이 책에 담긴 내용들이 자꾸자꾸 입에 오르내리고, 상기되면서, 점차 특별할 것도 없는 당연한 이야기들이 되면 좋겠습니다.

차례

1장

월경하는 어린이

초경의
기억

저는 초등학교 6학년이 되고 얼마 지나지 않은 학기 초에 초경을 시작했습니다. 6월생이니 만 11세 무렵이었네요. 제가 어릴 때만 해도 여자가 월경하는 이야기는 지금보다 훨씬 은밀한 영역에 속해 있었기 때문에, 주변 친구 중 초경을 시작한 아이가 얼마나 되는지 알 수 없었습니다. 그러나 모르긴 해도 만 11세의 초경은 흔치 않은 일이었던 것 같아요. 아직 어린이였던 저는 언니가 있어서 월경이 무엇인지는 알고 있었지만, 무척 당황했어요. 이제 막 6학년이 된 내가 벌써 월경을 시작할 리가 없다고 생각했는데요. 그러나 월경이 아니라면 괜히 피가 나는 것은 아닐 테니, 몹쓸 병에 걸린 것은 아닐까 하는 생각에 불안했죠. 망설이다가 엄마에게 얘기했더니 엄마는 대번에 월경이 시작된 거라고 했고, 아빠는 엄마한테 들었는지 퇴근길에 과자를 한 보따리 사오셨습니다. 둘째 딸이 어른이 된 것을 축하한다고요. 과자 보따리와 그걸 든 아빠를 보고는 마음이 너무나 어색하고 이상했습니다. 왠지 이해받지 못한 기분이었고, 원하지 않는 곳으로 누군가에게 등을 떠밀리는 것 같기도 했어요. 나는 딱히 좋지도 않고 잘한 것도 없는데 왜 축하받아야 하는지 이해할 수 없었습니다. 6학년이 된 지 며칠 지나지도 않았는데 하루아침에 이제 어른이 됐다고 하니 어느 장단에 맞춰야 하나 혼란스럽기만 했고요.

이후 그해 내내 월경이 시작될 무렵이면 전전긍긍하며 지냈던 기억이 납니다. '후리덤'이라는 이상한 이름의 생리대를 가방에 잘 숨겨서 갖고 다녀야 했고, 뒷모습에서 생리대를 착용한 것이 표 나지 않을지 신경을 쓰느라 월경 기간 동안엔 늘 무언가 잘못한 사람의 마음이었어요. 바지나 이불에 피가 묻을까 봐 불안한 것도 당연했고요. 무엇보다 우리 반에서 월경이 시작된 여학생은 나밖에 없는 것 같아서 숨기기 급급했고, 들키지 않기 위해 안간힘을 썼습니다. 누구와도 나눌 수 없는 몸과 마음의 불편한 경험을 고작 열한두 살의 초등학생이 감당하기는 쉽지 않았어요.

월경하는 어린이

월경이 심리적으로나마 좀 편안해진 것은 초등학교를 졸업하고 여학생들만 다니는 중학교에 가면서부터였습니다. 친구들과 생리통이나 생리대에 대해 편하게 얘기하고 걱정과 위로를 주고받을 수 있었으니까요. 이어서 여고에 진학한 후에는 더 그랬죠. 여고를 다니던 어느 날, 등굣길에 학교 앞에서 나눠주는 생리대 신제품 샘플을 한 뭉텅이 받아와서는 친구들과 서로 던지고 놀거나, 그걸로 점심 먹고 난 책상을 닦아서(그때는 점심시간마다 각자 도시락을 싸 와서 교실에서 먹었거든요) 교실 뒤 휴지통에 던져버리며 깔깔대던 기억이 여태 생생합니다. 당시 우리는 초경을 축하해주자마자 매달 생리대와 생리혈을 철저하게 숨기게 하는 어른들, 생리대의 흡수력을 강조하기 위해 붉은색 대신 파란색 액체를 사용하는 미디어 광고들을 접하면서, 월경에 대한 은밀한 사회적 혐오를 눈치 채고 있었던 것 같아요. 그래서 생리대를 아무렇게나 쓰고 던져버리면서 그렇게 취급받는 기분 나쁨을 해소했나 봅니다.

그랬던 아이도 그럭저럭 무사히 긴 시간을 통과하여 누구도 의심할 수 없는 어른이 되었고, 세월이 흘러 딸을 낳아 키우게 되었습니다. 그리고 마치 운명처럼 그날이 다가왔어요. 아직도 아기 같기만 한 초등학교 저학년인 딸의 가슴에

딱딱하게 잡힌 멍울을 확인하게 된 날, 저는 느닷없이 마음이 너무나 불안해졌어요. 요즘 조기 초경(또래보다 너무 앞서 어린 나이에 초경이 시작되는 것을 '조기 초경'이라고 합니다)이 증가하고 있다는데, 혹시 내 딸에게 초경이 너무 빨리 시작되면 어쩌나 걱정이 되었습니다. 당장 딸이 있는 지인 한두 명에게 전화해서 '조기 초경'과 관련된 정보를 구했고, 대학병원 소아청소년과 성장 클리닉 진료를 예약했죠. 당시 저의 마음은 마치 알 수 없는 적들로부터 어린 딸을 숨겨 감싸 안은 채 등으로는 가시를 뻗치고 있는 고슴도치 같았습니다.

그런데 그 과정에서 이상하게도 내 마음을 가장 잘 알아줄 것 같았던 한 친구의 반응이 영 섭섭했습니다. 그게 뭐가 그렇게 불안해할 일이냐며, 걱정하는 저를 놀리던 친구에게, 어느 날은 작정하고 그 이유를 물어봤어요. 어려운 질문을 받은 그 친구는 용기 내어 자기 마음을 들여다보고 공들여서 속내를 말해주었습니다. 친구 역시 초경을 좀 일찍 시작했다고 합니다. 그런데 당시 집안 사정이 어려웠고 엄마가 늘 힘들어 보였기 때문에 엄마에게 말할 수가 없었다고 해요. 그래서 초경이 시작되고도 한참 동안을 숨기고 혼자 해결해야 했다고요. 그러다 어느 날 그만 들키게 되었는데, 그 순간 마주하게 된 엄마의 걱정스럽고 불안해 보이는 눈

월경하는 어린이

빛과 표정 같은 것들을 얘기하며, 친구는 말했어요. 아이가 초경을 시작하면 그냥 축하해주면 안 되는 거냐고요. 그게 그렇게 걱정할 일이냐고요. 딸의 초경을 불안해하며 허둥지둥하는 저에게서, 친구는 어린 날 마주했던 엄마의 눈빛이 겹쳐 보였나 봅니다. 그리고 당시 같은 반이었던 친구의 얘기를 덧붙였습니다. 외동딸이었던 그 친구는 초경이 시작된 날 부모님이 케이크를 사와서 축하해주셨고, 그게 너무나 부러웠다고요. 가슴이 아팠어요. 딸이 어린 나이에 초경을 하게 될까 봐 불안한 마음을 한참이나 잊어버렸을 정도로요.

어느 날 갑자기 몸속에서 출혈이 일어나 몸 밖으로 혈액이 흘러나오고, 그것이 앞으로 수십 년 동안 매달 찝찝함, 불편함, 통증, 기분 변화 등을 겪을 수 있음을 예고하는 일이라니, 초경은 정말 드라마틱한 사건이 분명한데요. 저와 친구가 겪은 초경의 경험이 상당히 달랐듯, 초경을 시작하는 아이들은 저마다 자신의 월경을 다르게 느끼고 생각하는 것 같습니다. 저는 제 기분이나 생각을 묻지도 않은 채 무턱대고 해주는 축하에 당황하며 혼란스러워했지만, 친구는 엄마로부터 그저 따뜻한 격려와 축하를 원했던 것처럼요. 이렇게 어떤 아이들은 그간 자기가 겪은 삶의 경험에 따라 초경을 성장의 증거로 여기며 우쭐할 수 있지만, 어떤 아이들은 그저 싫고 무섭기만 할 수도 있습니다. 가정환경에 따라서 도 느끼는 바가 아이마다 크게 다를 수 있어요. 특히나 평소 에 남녀 차별을 직간접적으로 겪어온 아이라면, 초경을 겪 으며 본격적으로 여성의 몸이 되는 일이 반가울 수 없겠죠.

초경은 어른이 되었다는
증거일까

아이들 각자가 어떻게 받아들이건, 여자아이들이 월경을 시작하면 어른의 몸으로 성장했다고 여기고 축하하는 것이 우리 사회의 오래된 관행입니다. 다른 문화권에서도 소녀의 초경을, 정상 발달을 거쳐 비로소 성인의 영역으로 진입한 증거로 삼으며 공식적으로 축하해왔고요. 그런데 초경을 어른이 되었다는 증거로 삼는 게 마땅할까요? 여자아이는 초경을 기점으로 여성의 몸이 되는 걸까요? 초경 연령이 계속 어려지고 월경을 하는 초등학생이 늘고 있는 지금, 이는 우리가 반드시 함께 살펴보고 논의해야 할 주제입니다.

초경 연령이 낮아지는 것은 비단 우리나라에서뿐 아니

라 세계적으로 나타나는 현상입니다. 우리나라의 경우를 살펴보면, 1989년생 여성들(이 글을 쓰는 2024년에는 삼십 대 중반에 다다른 여성들이네요)은 평균 만 13.1세에 생리를 시작했습니다. 그러나 그로부터 14년 후에 태어난 2003년생 여성들의 평균 초경 연령을 확인해보니, 12.6세였습니다. 지난 십여 년간 초경 연령이 약 6개월가량 빨라진 셈입니다. 보는 이에 따라서 '14년간 고작 6개월'이라고 생각할 수도 있지만, 우리나라 초중등 학제 구분을 고려하면 이는 엄청난 변화입니다. 만 13세 여자아이는 중학교 입학을 앞두고 있거나 입학한 후지만, 12세 여자아이는 아직 초등학생 신분이거든요. 따라서 '고작 6개월'의 앞당겨짐은 월경하는 어린이들이 많아졌음을 뜻합니다. 다시 말하면, 2000년대 초반에는 아이들이 중학교에 진학한 후에 생리를 시작하는 경우가 많았지만, 그로부터 십여 년이 지난 2010년대에는 초등학교 6학년 무렵 초경을 시작하는 아이들이 많아졌다는 의미입니다. 실제로 조기 초경 인구 비율의 변화를 조사해보면, 2006년에는 만 10.5세 이전에 초경이 시작된 여성의 비율이 1.8퍼센트였던 것에 비해, 2015년에는 3.2퍼센트로 무려 두 배 가까이 증가했습니다.

그런데 우리 사회는 여태 아이들의 특성을 미처 고려하

지 못한 채, 그저 하던 대로 계속 초경을 축하하거나 월경이 시작된 아이들을 서둘러 '여성'으로 간주합니다. 초등학생이 월경을 시작하면 어떤 심리적, 신체적 변화를 겪는지 잘 알지도 못하면서요.

초등학생 여자아이들이 월경을 시작하면, 이제 본격적으로 성숙한 여성의 몸이 되었다며 축하하는 게 맞는 걸까요? 앞서 했던 질문을 다시 해보겠습니다. 초경을 어른이 되었다는 증거로 삼는 게 마땅할까요? 여자아이는 초경을 기점으로 여성의 몸이 되는 걸까요?

여자아이들의 초경에 성적 성숙의 의미를 부여할 때 짚어야 할 중요한 사실이 있습니다. 초경을 시작했다고 해서 곧바로 임신이 가능한 것은 아니라는 사실입니다. 월경은 성숙한 여성의 몸에서 일어나는 현상이니, 언뜻 보기에 초경을 겪은 아이들이 공식적인 성적 성숙의 관문을 통과한 것처럼 보입니다. 그러나 임신은 배란이 이루어져야 가능한데, 난소는 초경 후 수개월에서 수년이 지나야 규칙적으로 배란을 합니다. 그러니 임신이 가능하려면 시간이 더 지나야 하죠. 이것은 남자아이들의 사정 기능이 바로 임신 가능성과 직결되는 것과 대비되는 점입니다. 남자아이들은 겉보기에 미숙한 모습이어도 사정이 이루어지면 생식이 가능해집니다. 그러나 우리는 몽정이 시작된 초등학교 고학년이나 중학생 남자아이들을 성숙한 남성으로 여기지는 않습니다. 반면 여자아이들은 월경이 시작되면 눈에 띄게 체형이 변하면서, 생식 기능을 갖추기 전부터도 겉모습이 성숙한 여성으로 보일 수 있습니다. 아직 열 몇 살의 미성숙하고 보호가 필요한 존재인데도 말이죠.

사춘기는 성호르몬이 활발하게 분비되어 성적 성숙만 이루어지는 것이 아니라, 뇌도 큰 변화를 겪는 시기입니다. 뇌 구조는 이미 잘 형성되어 양적으로 크게 자라거나 늘어나진 않지만, 신경세포 간 연결 양상이 다듬어지고 신경 신호 전달 체계가 견고해지는 것과 관련된 일들이 일어나는 시기죠. 이 시기에 일어나는 뇌 발달은 기능 측면에서 반드시 필요하고 중요한 과정입니다. 그러나 '발달' 역시 변화이기 때문에 사춘기의 뇌는 상당히 불안정하고 불균형한 상태이기도 합니다. 바로 이 '불안정'과 '불균형'이 청소년기 뇌의 중요한 특성이죠. 구체적으로 짚어보자면, 청소년들은 언어 능력, 이해 능력, 운동 능력은 발달이 꽤 이루어진 상태지만 윤리적 판단이나 사회적 맥락을 고려한 합리적 추론, 복잡한 의사결정 능력 같은 고위 인지 기능의 발달은 아직 완성되지 않은 상태입니다. 또한 감정, 동기, 충동이 크게 일어날 수 있지만 그것을 조절하거나 통제하는 일은 그만큼 잘 되지 않습니다.

심리적으로 아직 미성숙하고 뇌도 아직 더 발달해야 하는 어린아이들이, 초경을 시작한 후 여성의 몸으로 변화하며 주변의 시선을 감당해야 하는 부담감을 생각해봅니다. 체내 호르몬의 급격한 변화로 신체적 불편감과 정서적 불안정성을 느끼죠. 아직 마음은 어린아이지만 몸은 성숙함을 발산하고 있으니 매우 혼란스러울 겁니다. 초경을 기점으로 어제까지는 '아이'였던 자신을 갑자기 '여성'으로 대하는 사회 분위기 속에서 혼란감은 더욱 커질 테고요. 이런 것들 때문일까요? 연구에 따르면, 여자아이들은 성적 발달이 또래보다 빠른 경우, 그렇지 않은 아이들에 비해 우울 증상이 심할 가능성이 큽니다. 남자아이들은 오히려 성적 발달이 더딘 경우에 우울 증상이 심한 것과 대비되는 현상입니다. 신체의 성적 성숙이 어른이 되는 좋은 일이라면 남자아이들과 여자아이들에게서 모두 우울감보다는 심리적 성취감과 자신감이 커져야 할 텐데, 실상은 성별에 따라 정반대의 일이 벌어지고 있는 것입니다.

빠른 초경이 여성에게 미치는 영향을 탐색한 많은 연구자가 초경이 빨리 시작되는 것이 여성에게 여러 측면에서 바람직하지 않다는 것을 밝혔는데요. 사실, 바람직하지 않은 정도가 아닙니다. 조기 초경은 비만, 어린 나이의 임신, 어린 나이의 성병 감염 등의 신체적 문제에 위험 요인으로 작용하는 것으로 확인되었습니다.[1] 너무 어린 나이에 월경이 시작되는 일은 여성의 신체 건강뿐 아니라 정신 건강에도 해로운데요. 특히 어린 여자아이들의 심리적인 문제에 조기 초경은 부정적인 역할을 하는 것 같습니다. 서구권에서 십대 초중반의 여자아이들을 조사한 연구 결과를 살펴보면, 만 11.6세 이전에 초경이 시작되었거나(미국) 중학교 진학 전에 초경이 시작된(캐나다) 아이들은 다른 아이들에 비해 우울증 비율이 높고 해로운 약물을 사용하는 경우가 많거나 체내 스트레스 호르몬 수치가 높았습니다.[2]

다시 말하자면, 여자아이들에게 성적 발달이란 남자아이들과 달리 부담스럽고 힘들고 거추장스러운 어려움에 가깝습니다. 그래서 빠를수록 힘들고 늦을수록 좋죠. 물론 너무 늦어지지만 않는다면요. 실제로 여자아이들에게 초경이란 어느 날 갑자기 찾아온 받아들이기 힘든 불편함이자 그것을 감당하는 일임이 분명합니다. 초경은 또한 여성을 향한 사회의 양가적인 시선을 접하게 되는 시작이고, 또 누군가에게는 서둘러 철이 들어야 하는 쓸쓸하고 아픈 일입니다. 그런데 이런 어두운 부분은 잘 드러나지 않습니다. 초경은 아무래도 아이가 겪기엔 어려운 일입니다. 어릴수록 더 그렇겠죠.

생리하는 아이들의 우울증

조기 초경은 특히 우울증의 위험 요인이 분명합니다. 왜 월경이 빨리 시작된 아이들은 그렇지 않은 아이들에 비해 우울 증상을 더 겪을까요? 성적 성숙이 또래보다 빨리 시작된 여자아이들이 겪는 우울증의 이유는 다음과 같이 몇 가지로 정리할 수 있습니다.

첫째로, 월경이 빨리 시작된 아이들은 심리적으로 충분히 준비되기 전에 신체적 성숙을 먼저 맞닥뜨리게 됩니다. 월경이 시작되면 외양이 급격히 달라집니다. 그러다 보니 주변 사람들의 새로운 시선에 노출되죠. 오랜만에 만난 어른들은 "여자가 다 됐네"라며 놀란 기색을 숨기지 않고, 갑자기 성숙한 여성의 몸을 대하듯 어색한 시선을 보냅니다.

월경하는 어린이

부모님도 성적 성숙이 진행되고 있는 딸이 이제는 심리적으로도 좀 더 성숙하길 요구하고 바랄 테고요. 아직 어린아이일 뿐인데 불과 몇 개월 차이로 전과 다른 기대를 받게 되거나 성숙해지는 몸을 감당해야 하는 것은, 아이에게 상당히 큰 혼란과 심리적 스트레스일 겁니다.

둘째, 초경이 이른 아이들은 성적 성숙으로 인한 신체 변화를 또래보다 일찍 겪기 마련인데, 이때 신체적으로나 심리적으로 또래와는 다른 특성들이 두드러지게 됩니다. 그 결과로 또래 집단에서 고립되거나 소외될 수 있고요. 실제로 초등학교 고학년 여학생들의 경우, 신체적 성숙이 빨리 시작된 아이들은 아무래도 비슷한 아이들끼리 어울리는 것을 관찰할 수 있습니다. 아이들을 대하는 어른들의 태도도 조금 다릅니다. 같은 학년이라도 아직 이차성징이 시작되지 않은 아이들과 시작된 아이들을 대하는 태도가 미묘하게 달라지죠. 이런 과정을 거치다 보면 아이들 사이에 보이지 않는 벽이 생기게 되는데, 그로 인한 또래 관계 갈등이나 어려움은 우울감으로 연결됩니다. 십 대는 점점 더 또래 관계가 중요해지는 시기라서, 친구들과의 관계 문제는 아이의 전반적인 적응이나 정신 건강과 직결될 수 있죠.

셋째, 초경이 시작되면 체지방이 극적으로 증가하여 허

벅지, 골반 부위, 가슴 등의 부피가 커지고 체형이 달라지면서, 자기 신체에 대한 만족감이 떨어집니다. 청소년기에 남자아이들은 성적 성숙이 진행되며 근육량이 증가하고 골격이 커지는 반면, 여자아이들은 체지방 비율이 증가하면서 체형에 곡선이 생기죠. 물만 먹어도 살이 찌는 것 같은데, 교우 관계 및 학업으로 인한 스트레스도 많으니 달고 맵고 기름진 음식을 찾게 되는 시기이기도 합니다. 그런데 우리 사회는 마른 체형의 여성을 선호하죠. 아이들은 자연스레 자기 몸에 불만족감이 생기고, 심리적으로 더욱 위축되기 마련입니다. 자신감이 떨어지는 것은 말할 것도 없고요. 청소년기 여자아이들 사이에서 극단적인 형태의 다이어트가 유행하고 거식 증상이 눈에 띄게 되는 것도 이상한 일이 아닙니다.

종합해보면, 성적 성숙이 빨리 시작된 여자아이들의 삶은 안 그래도 매달 수일에 걸쳐 몸이 힘들고 소지품이 많아지면서 실수할까 봐 긴장해야 하는데, 사회적으로 소외감을 느끼고, 적응하기 어렵고, 자존감은 떨어지고, 대처 방법은 알 수 없는 상태로 오랜 시간을 혼자 버텨야 한다는 거죠. 그런데 우리 사회는 어린아이들의 초경과 초경 이후의 원활한 발달을 잘 도와주고 있을까요? 여자아이들이 건강한 어

른으로 자랄 수 있는 바탕을 마련해주고 있나요? 초경 연령
이 점차 낮아지는 현대 사회에서, 우리는 이 질문들을 자꾸
만 되뇌고 고민해야 합니다.

의료 서비스의 사각지대에 있는
월경하는 어린이

초경이 시작되면 이제 매달 며칠 동안 자궁에서 피가 흐릅니다. 생리대나 속옷 등을 신경 쓰면서 며칠이나 계속되는 출혈을 감당하는 것은 아이들에게는 무척 힘든 일인데요. 게다가 아이들은 저마다 월경 시작 전후로 여러 통증을 겪습니다. 가벼운 복통이나 요통이 지나가고 마는 때도 있지만, 일상생활이 어려울 정도로 통증이 심할 때도 있어요. 게다가 왠지 모를 울적한 기분이나 불안감도 감당하기가 만만치 않습니다. 그나마 월경이 규칙적이면 다행인데, 여러 달을 건너뛰거나, 출혈량이 너무 많거나 혹은 적거나, 출혈 기간이 길었다 짧았다가 하거나, 생리 때마다 통증이 너무 심해서 일상생활이 어렵다면, 무섭기까지 합니다.

몸에서 뭔가 나쁜 일이 일어나고 있는 것은 아닐까, 다른 사람들도 이런가, 혹시 심각한 문제는 아닌가, 병원에 가봐야 하는 상황인가. 그런데 월경과 관련된 문제들이 심상치 않아 보여 병원에 가야 한다면 어떤 진료과를 찾아가야 하는 걸까요? 소아청소년과에 가야 할까요? 아니면 산부인과에 가야 할까요?

현대 의학은 진료 과목을 질병의 종류나 신체 기관을 중심으로 구분합니다. 예를 들면, 소화기내과나 피부과, 뇌신경외과처럼 우리 몸의 특정 기관에 국한된 문제를 전문적으로 다루는 진료과들이 대부분이고, 이런 경우는 이름부터 환자군을 잘 특정하고 있습니다. 소화가 안 되거나 설사하는 환자라면 소화기내과를 찾아가면 되고, 피부에 염증이 생겼거나 화상을 입은 환자라면 피부과에 가면 되죠. 그런데 다른 진료과들과 달리 인구통계학적 특성인 연령이나 성별로 환자군을 특정하는 진료 과목이 두 가지 있으니, 그중 하나가 소아청소년과이고 다른 하나는 산부인과입니다.

사실 소아청소년과는 2007년 이전까지 약 60년간 '소아과'라는 공식 명칭으로 불렸습니다. 어린아이들이 열이 나거나 배가 아프거나 두드러기가 나면 마땅히 찾아가는 곳이었지만, '소아과'라는 명칭 때문인지 중고등학생 정도가 된 청소년의 경우 어디가 아파도 소아과에 가기가 좀 애매했죠. 진료 과목이 환자군을 특정하는 것은 무척 중요한 일이기 때문에, 청소년이 의료 서비스의 사각지대에 놓인 것에 대한 고민이 본격화되면서 2007년 6월, 드디어 의료법이 개정되기에 이릅니다. '소아과'라는 이름이 '소아청소년과'로 바뀌며, 청소년까지 아울러 진료 대상으로 삼는 것을 공식적으로 인정받게 된 것이죠. 그에 이어서 소아과 전문의들로 이루어진 대한소아과학회는 2019년 3월 학회 명칭을 '대한소아청소년과학회'로 변경했습니다.

소아청소년과가 어린이뿐만 아니라 '청소년'의 존재를 아울러 돌볼 필요가 있음을 확실히 한 것은 반드시 해야 할 작업이었습니다. 더 이상 중고등학생들은 예방접종을 하거나 질병으로 병원을 찾을 때 소아과를 기웃거리면서 혼란스러워하거나 멋쩍어할 필요가 없게 되었죠.

그런데 초경을 시작한 여자아이들은 여전히 어느 진료과를 찾아가야 할지 막막하기만 합니다. 소아청소년과의 하위 분과인 소아 내분비내과나 성장 클리닉은 초경을 예측하고 진단하고 미루는 것을 도와주는 역할을 하고 있는데요. 막상 월경이 진행되고 있는 아이들의 생식기 문제를 봐주지는 않습니다. 그 역할을 해야 하는 곳은 산부인과일 테죠. 그러나 여자아이들에게 산부인과는 아무래도 찾아가기 어렵고 낯설고, 아무튼 맞지 않는 곳입니다. 이름부터가 임신과 출산, 결혼한 여성(부인)을 위한 진료 과목이라는 것을 표방하고 있기 때문입니다.

2020년, 21대 국회에서 '산부인과'를 '여성의학과'로 명칭 변경하자는 법안이 발의된 적이 있습니다. 산부인과라는 명칭이 방문 대상자를 임신한 여성과 기혼 여성으로 한정하니, 청소년과 비혼 여성이 이용하기에 심리적 부담이 크다는 합당한 주장이 발의 이유였습니다. 당시 산부인과 전문의들과 대한산부인과학회 역시 명칭 변경에 찬성한다는 의견을 표했습니다. 그러나 보건복지부와 의사협회에서는 '전문의의 수련 및 자격 인정 등에 관한 규정'을 동시에 개정해야 한다는 점, 전체 의료계와 협의가 필요하다는 점, 환자들이 혼란스러워할 수 있다는 점을 들어서 반대했고, 개정에 합의가 이루어지지 않았습니다.

임신하지 않은 여성, 결혼하지 않은 여성을 아우르지 않은 이름 탓일까요? 산부인과는 여자아이들을 비롯한 많은 비혼 여성들이 생식기 관련 문제 증상을 겪더라도 쉽게 찾아갈 수 없는 곳입니다. 여자아이들은 법적인 성인이 되기까지 자신이 겪는 수많은 몸의 문제를, 구체적인 단어나 문장으로 표현하지 못하는 시간을 보내며 자기 몸에 비밀스럽게 적응하죠. 성인이 되기 전부터 정상이 아닐까 봐, '가임기'라는 생의 특정 기간에만 가질 수 있는 임신 능력을 원하기도 전에 잃게 될까 봐 걱정하면서요. 그렇게 자신의 불안과 두려움을 표현하거나 공론화하지 못하는 경험이 쌓여갑니다. 다른 누구도 아닌 내 몸과 관련된 다양한 측면을 알고 싶어도 기회가 없어서 답답한 마음, 그러나 한편 당장 급한 문제가 아니면 피하고 싶은 마음 같은 것들과 함께 말이죠.

이상 월경,
언제 병원에 가야 할까

어릴 때부터 몸에서 피가 나면 아픈 것, 이상한 것, 문제가 생긴 것이라고 배웠지만, 갓 초경을 치른 여자아이들은 이제 매달 피를 흘리게 되었습니다. 매달 피가 나는 것이 정상이라니 이상한 일인데, 그 새로운 정상성을 안정적으로 확보하기도 쉽지는 않습니다. 월경 주기가 불규칙할 때, 월경이 지연될 때, 월경통이 심할 때, 없던 통증이 나타날 때면, 어떤 것이 정상이고 어떤 것이 비정상인지 판단하기 참 어렵습니다. 월경과 관련하여 어떤 어려움을 겪을 때 병원을 찾아가면 좋을지, 그 기준에 관해 유성언니여성의원 원장이자 산부인과 전문의인 서백경 원장님에게 물어보았습니다. 월경과 관련된 불편감이나 걱정이 많을 수 있는데,

정상적인 월경이 어떤 것인지, 어떤 문제들과 원인이 있을 수 있는지 핵심을 짚어달라고요. 서백경 원장님은 병원에서 환자를 진료하느라 바쁜 중에도, 틈틈이 인구보건복지협회와 연계하여 중고등학생, 청소년, 장애인, 미혼모를 위해 피임 교육과 성교육을 하고 계십니다. 두 딸의 엄마로 여성의 건강권, 보건권, 피임할 권리가 보장되는 사회가 되길 희망하는 분이죠.

박혜연　월경이 어떻게 이상할 때 병원에 가야 할까요? 이상 월경은 어떻게 판단하는지 그 기준이 궁금합니다.

서백경　여러분이 간편하게 **기억해야 하는 것은 정상 월경의 기준입니다. 7과 3, 이 두 숫자를 기억하면 되는데요.** 첫 번째는 7입니다. 보통 월경의 기간은 7일인데 출혈이 7일보다 오래 지속되면 이건 병원에 가야 하는 시그널이라고 생각하면 됩니다. 두 번째는 3인데요. 생리가 3개월 혹은 3주기 이상 없다면, 병원에 가야 합니다. 사람마다 월경 주기가 약간씩 달라서 24~35일 정도 되는데요. 한 주기가 20일에서 40일 사이를 왔다 갔다 하는 건 크게 문제 삼지 않아요. 그런데 3주기 이상 생리가 없으면 병원에 가봐야 한다는 거죠. 다시 말하면, 7일

이상의 출혈 또는 3주기 이상의 무월경, 이 두 가지가 핵심적으로 확인해야 할 사항이고요. 갑자기 월경 주기가 20일 이하로 짧아지거나 40일 이상으로 길어지거나 하면, 이런 것도 주의해야 합니다.

박혜연　월경이 이상할 때 예상할 수 있는 문제로는 어떤 것들이 있을까요?

서백경　요즘엔 다낭성 난소*의 가능성을 많이 염두에 두는 편입니다. 예전에는 자궁내막암**이나 자궁내막증식증***이 우리나라 여성들에게서 많지 않았어요. 그런데 최근 들어서 자궁내막암이 우리나라 여성 5대 암에 들어가고 있고 생각보다 젊은 사람들에게서도 나타납니다. 그래서 그런 문제들이 있는지 초음파 검사로 꼭 확인해봐야 하죠.

---

*　잦은 무배란, 무월경, 남성 호르몬 증가, 여성 호르몬 불균형이 나타나는, 여러 개의 난포가 염주 모양을 맺고 있는 상태를 말한다.
**　자궁내막에 생기는 암을 일컫는다.
***　자궁내막의 과증식이 일어나는 질환으로, 월경 과다, 비정상 출혈 등의 임상 양상을 보인다.

박혜연 기간도 기간인데, 출혈량이 너무 많거나 적은 것도 중요할 것 같습니다. 월경량의 기준도 궁금합니다. 정상적인 월경량을 찾아보면 50~80밀리리터라고 하는데요. 산부인과에서 간혹 의사가 생리량을 물어보는데, 그때 '아, 제 생리량은 몇 밀리리터예요'라고 답할 수는 없거든요. 계량컵으로 생리량을 재볼 수도 없고 시판 생리대를 사서 쓸 때 하나의 생리대가 다 젖으면 몇 밀리미터인지도 잘 모르고요. 이걸 하루에 몇 개를 몇 시간 간격으로 교체할 때 몇 밀리리터 정도로 계산할 수 있는지 이런 기준이 있을까요?

서백경 사실은 그런 게 없어요. 그래서 이런 기준으로 보긴 해요. 500원짜리보다 큰 핏덩어리가 패드에 떨어진다거나, 한 주기에 20개 이상 패드를 사용한다거나 하면 출혈이 많은 걸로 보는 거죠. 그리고 일상생활에 장애를 초래하는 경우도요. 쉽게 얘기하면 한꺼번에 훅 쏟아져서 바지에 묻는다거나, 생리대를 세 시간 동안 두세 번 갈아야 할 정도로 많이 쏟아진다거나, 밤에 자다가 다시 패드를 갈아야 할 정도라면, 병원에 가서 상담해보시는 게 좋습니다. 보통은 되게 많다고 해서 왔는데도 정상인 경우도 있어요. 아, 그리고 젊은 분 중에서 건강검진 결과 빈혈이 있다고 나오는 경우가 있는데요. 그럴 때도 산부인과를 한번 방문하는 걸 권하고 있습니다.

박혜연 그렇군요. 생리할 때 출혈이 액체의 형태가 아닌 경우도 있잖아요? 덩어리로 나올 때는 출혈량을 더욱 가늠하기가 어렵고 게다가 모양 자체가 핏덩어리니까 이게 정상인가 하고 겁이 날 수 있을 것 같아요.

서백경 네, 맞아요. 그런데 덩어리로 나오는 건 그렇게 좋은 현상은 아니에요. 선지처럼 굳은 덩어리가 나온다면 확실히 양이 많은 상황이라고 인지하는 게 맞습니다.

그런데 생리에 문제가 있다고 해도 산부인과에 방문하여 진료받고자 마음먹기는 쉽지 않습니다. 어디든 병원에 가는 일이 대개 그렇지만, 산부인과는 특히나 가서 진료며 검사를 어떻게 할지 몰라서 막연하게 두려우니 더 그럴 수 있죠. 이번엔 산부인과에 가면 어떤 일을 겪게 되는지 자세하게 물어보았습니다.

박혜연 여성 청소년이나 비혼 여성들이 산부인과 진료를 받고자 할 때 되게 막막하고 두려워하는 것 같습니다. 가면 어떤 절차로 무엇을 하게 되는지 미리 알고 있으면 두려움이 좀 덜할 것 같아요. 산부인과를 방문한 초진 환자들은 보통 어떤 것들을 하게 되나요?

서백경 산부인과에서 하는 게 사실 많지 않아요. 여성의 생식 기관별로 생각하면 이해하기가 쉬울 것 같아요. 보통 '생식 기관 중 어디에 문제가 있는지'를 확인해요. 어떤 증상이 있을 때 이게 실제로 어느 생식 기관에 어떤 문제가 있어서 그런 증상이 나타나는 건지 확인하는 거죠. 그러려면 기관별로 직접 보면서 확인해야 합니다. **자궁 경부까지는 질경을 사용해서 눈으로 살펴볼 수 있어요. 눈으로 확인할 수 없는 자궁, 난소, 난관 같은 기관은 초음파로 확인합니다.**

박혜연 질경이라는 것이 질 입구를 들여다보는 도구인가요?

서백경 맞아요. 질 입구를 살짝 벌려서 안쪽 상태를 볼 수 있게 하는 거예요. 작고 가느다란 질경도 나와 있어요. 사실 저 역시 질경을 사용해서 진찰받을 때 즐거운 기분은 아니기 때문에 잘 아는데요. 작은 질경으로 세심하게 진찰하기 때문에 너무 걱정하지 않아도 돼요.

월경하는 어린이

박혜연 요즘은 전과 달리 되게 작은 질경이 나와 있다는 거군요.

서백경 네, 질경 중에 제일 작은 소(小)자 질경이 있어요.

박혜연 혹시 성관계 경험이 없는 여성들을 위한 질경인가요?

서백경 그렇기도 하고요. 비혼 여성 같은 경우에는 출산 경험이 없어서 작은 질경을 사용해야 해요. 그리고 질 크기가 여성마다 다 달라요. 유난히 작은 분들은 가장 작은 지름의 질경을 써야 해요. 다만 성관계 경험이 없는 여성의 경우 안타깝게도 질경을 사용해서 질 안쪽을 진찰할 수가 없습니다. 하지만 요즘은 탐폰이나 생리컵을 쓰시는 분들도 많아지는 추세여서 그런 경우에는 질경을 통한 진찰이 가능해요.

박혜연 처녀막* 때문에 그런가요?

---

* 처녀막은 여성의 질 아랫부분에 있는 주름 또는 막 모양의 섬유조직을 부르던 말이다. 이 섬유조직은 사람에 따라 태어날 때부터 없는 일도 있고, 쉽게 파열되기도 한다. 그런데 '처녀막'이라는 이름으로 불리며 '삽입 성교 경험 없음'의 증거로 잘못 인식되어 오랫동안 여성들에게 부정적인 영향을 끼쳤다. 그래서 현재는 '질 입구 주름'이라는 이름으로 바꿔 부르고 있으며, 이 '질 입구 주름'이 신체에서 특별히 확인된 기능은 없다.

서백경 네, 맞아요. 그래서 질경을 통해 진찰할 수 없죠. 그렇지만 이런 경우에도 초음파 검사로 볼 수는 있어요. 우선 배 위로 초음파 검사를 많이들 하는데요. 질 안쪽의 난소와 자궁을 진찰해야 한다고 했잖아요. 그래서 배 위로 검사를 하면 간접적으로 확인하는 셈이라 정확성이 좀 떨어져요. 진찰을 좀 더 정확하게 하기 위해서는 항문 쪽으로 초음파 검사를 하면 됩니다. 얇은 초음파 탐촉자를 넣어서 살펴보는 거죠. 경험상 초등학교 6학년 이상부터는 본인이 동의하고 마음의 준비가 된 경우라면 큰 불편 없이 보고 있습니다.

박혜연 아, 항문을 통한 초음파 검사로 난소나 자궁 상태를 볼 수 있군요.

서백경 요즘 젊은 여성들의 5~15퍼센트 정도는 난소에 혹이 있어요. 대개는 자궁 내에 혹이 있는데, 난소에 혹이 있는 경우가 더러 있는 거죠. 그걸 확인해야 해서 초음파 검사가 필요한 거예요. 그런데 항문 쪽으로 초음파를 본다고 하면 대개는 마음의 준비가 안 돼 있어서 힘들어하는데요. 사실 검사 자체가 아프거나 그렇진 않거든요. 제 딸이 중학생인데 그 아이의 말을 빌리자

면 똥을 싸다가 멈춰서 걸려 있는 느낌이라고 표현하
더라고요. 대부분은 수월하게 잘 합니다. 크게 이상이
있는 경우가 아니면 1~2분 이내로 검사가 끝나니까
너무 걱정하지 않아도 돼요.

박혜연   성관계나 출산 경험이 없는 경우 산부인과에 가면 전
문의 선생님들이 항문으로 초음파를 할 수 있고 배 위
에서 할 수도 있다고 안내해서 선택하게 하시나요?

서백경   보통 진료실에 들어오기 전에 선택하게 하는데요. 저
는 될 수 있으면 항문으로 보자고 얘기하는 편이에요.
왜냐하면 배 위로 초음파 검사를 하면, 멀리서 숲을 보
는 듯한 느낌이라서요. 숲 밖에서 나무를 보는 것 같
다고 생각하면 돼요. 아주 큰 혹이 있으면 보이겠지만,
자잘한 혹은 흐릿하게 보이거나 잘 보이지 않겠죠. 자
궁내막의 두께도 살펴봐야 하는데 배 위로 볼 때는 잘
안 보이는 경우도 많고요. 배 위로 초음파를 잘 보려
면 방광을 엄청나게 채워서 봐야 해요. 그런데 방광을
채우려면 시간이 또 걸린단 말이죠. 물을 많이 마신 다
음에 소변을 참고 오셔야 하니까요. 그리고 체형에 따
라서 어떤 분들은 자궁 자체가 뒤로 꺾여 있기도 한데

그런 경우에는 배를 통한 초음파로는 자궁 상태가 잘
안 보여요.

박혜연   그럼, 보통 어떤 순서로 진료하시는 건가요?

서백경   우선 질 안쪽과 내부 분비물 상태를 육안으로 확인한
다음, 이상이 있다고 판단되면 요즘엔 성병 균 검사를
많이 합니다. 보통 STD(Sexually Transmitted Disease)
검사라고 하거든요. 성 매개성 질환과 관련된 균이 있
는지 확인하는 겁니다. 그다음에 자궁 입구 분비물을
닦아낸 후 입구 쪽 상태를 봐요. 자궁 입구가 비정상
적으로 헐어 있거나, 점막을 건드렸을 때 비정상 출혈
이 있는 경우에는 자궁경부암 검사를 꼭 권해요. 다만
2년에 한 번씩 정기적으로 자궁경부암 검사를 받았다
면 굳이 꼭 권하지는 않는데요. 일반적으로 산부인과
에 가면 초진으로 이 검사(성병 균 검사와 자궁경부암
세포 검사)를 하게 된다고 보시면 됩니다. 이 자궁경부
암 세포 검사 결과에서 이상이 있으면 그다음엔 인유
두종 바이러스 검사나 다른 혈액 검사로 이어진다고
보시면 돼요.

박혜연 정리해보면, 일단 **증상을 묻고 나서 자궁 경부에 문제가 있는지를 눈으로 확인하고, 질 안쪽의 상태를 보고, 거기서 가시적인 문제를 확인한 다음에 초음파 검사를 할지 말지 결정하고, 그다음에 STD 검사나 자궁경부암 세포 검사를** 하는 식으로 진료가 진행된다는 거죠? 이 정도만 알아도 산부인과 진료를 받아보지 못한 여성들에게 아주 큰 도움이 될 것 같습니다.

서백경 네, 맞습니다. 자궁경부암은 여성의 암 중에서 유일하게 그나마 가장 비침습적으로 검사를 할 수 있는 암입니다. 지금은 20세부터 국가 검진이 2년마다 무료로 제공되거든요. 본인이 짝수 해에 태어났으면 짝수 해에, 홀수 해에 태어났으면 홀수 해에 제공돼요. 이것만 잘 기억해뒀다가 검사받으면 자궁경부암은 거의 예방이 된다고 볼 수 있어요.

인터뷰를 진행해보니, 서백경 선생님이 짚어준 것들은 실제로 정말 중요하고 필요한 정보인데 성인인 저도 몰랐던 사실이 있었음을 깨달았습니다. 우리는 왜 이런 것들을 놓치고 있을까요.

요즘 초등학교 선생님들 얘기를 들어보면, 교실에서 아

이들이 월경 이야기를 별로 거리끼지 않는다고 합니다. 보건 교육 시간에 월경을 배우며 얘기할 기회가 있어서인지, 남학생들도 월경에 대한 지식이 있는 편이라고 하고요. 월경이 시작된 여학생들이 생리대를 찾는 일도, 몸이 안 좋다며 배려를 요청하는 일도 스스럼없다고 해요. 제가 초등학교 다닐 때를 생각하면 정말 다행이라는 생각이 듭니다. 월경, 생리대, 생리통 같은 단어 정도는 이제 아이들이 의사소통하는 데에 비교적 쉽게 사용되니까요.

그러나 월경에 관한 그보다 진지하거나 심각한 고민, 속상한 마음은 여전히 개인의 영역에 속해 있습니다. 월경이 불규칙할 때나 심각한 통증을 초래할 때, 월경 전의 심리적 증상들로 고통받을 때, 아이들은 여전히 이를 터놓을 수 있는 이야기로 생각하지 못합니다. 월경이나 자궁, 난소와 관련된 불편함과 통증을 어디 가서 물어봐야 할지, 해결할 수 있는 문제인지조차 잘 알지 못합니다.

결국 어린 여성들은 아동이건 청소년이건 여태 자신의 월경과 성적 성숙에 관한 어려움을 표현하고 소통할 언어를 갖지 못한 채 자랍니다. 신체적인 문제건 정신적인 문제건, 건강과 관련된 이야기라면 공적인 영역에서 자꾸 접하고 소통할 필요가 있는데 말이죠. 어린 여성들이 자신이 겪는 증

월경하는 어린이

상과 어려움을 스스럼없이 이야기하고 그것이 자기만의 문제인지 아니면 누구나 겪는 문제인지 판단하거나 도움을 받을 수 있도록 우리 사회가, 성인들이 적극적으로 돕기 위해 구체적인 방법을 찾아 노력해야겠습니다.

2장

여성은 왜 스스로의 몸을
대상화하게 되었나

마르기,
여자아이들 지상 최대의 미션

딸이 '다이어트'라는 말을 하기 시작한 것은 초등학교 6학년 무렵이었습니다. 그래도 그땐 먹는 것을 억지로 조절하진 않았지만, 중학생이 되어서는 좀 달라졌어요. 중학교 입학 후 첫 신체검사를 앞두고는 끼니를 거르거나 샐러드만 먹으며 몸무게를 줄였는데, 말릴 방법이 없었습니다. 어느 날 저녁, 퇴근 후 아이를 만났는데 괜히 짜증을 부리고 화를 내길래 보다 못해 대체 왜 그러냐고 따져 물었어요. 내일 학교에서 몸무게를 재는데 체중은 별로 줄어들지 않았고 배는 고프고 스트레스가 너무 심한데 엄마는 왜 그것도 몰라주느냐며 엉엉 울더라고요. 당시 저는 '여성심리학'이라는 과목의 수업을 진행하고 있었는데 마침 그 주의 주제가 '청소년기 젠더 발달'이었어요. 사회가 한창 자라는 여자아이들에게 가하는 외모 압력과, 그로 인해 아이들이 겪는 심리적 스트레스를 함께 다루고 있었죠. 마음이 참 안 좋았어요. 대학 강의실에서는 학생들에게 여성성에 대한 사회적인 압력의 실체를 알려주며 자신도 모르게 받게 되는 영향을 자각하게 하려고 노력하지만, 막상 집에서 내 아이는 어찌하기 어렵다는 사실에 무력감이 느껴졌습니다.

며칠이 지나서 딸에게 몸무게 이야기를 조심스럽게 꺼내봤습니다.

"왜 그렇게까지 몸무게에 신경 쓰는 거야?"

딸은 뭐 그렇게 당연한 걸 묻느냐는 듯한 표정으로 친구들 얘기를 하기 시작했어요. 친구들이 몸무게 얘기를 하는 게 싫다, 마른 애들이 다이어트 얘기를 하면 기분이 나쁘다, 친구 중에 먹어도 살이 안 찌는 애들이 있는데 나는 그렇지 않다, 이런 얘기였어요. 또래 친구들이 대체로 몸무게에 신경을 쓰고 마른 체형을 선호한다고요. 더 조심스럽게 질문해보았습니다.

"그래, 길에서 네 또래 중학생 보면 말라 보이는 애들 많긴 하더라. 애들이 왜 그렇게까지 살을 빼려고 하고, 다이어트를 하고 그러는 걸까? 건강에는 되게 해로운데."

눈치 봐가며 조심스레 묻는다고 물었는데, 중학교 1학년 딸의 대답은 과격했습니다.

"건강이 무슨 상관이야. 마르면 그만이지. 모든 애들이 마른 애들을 부러워하는데 그냥 마르면 되는 거지."

도리가 없더라고요. 청소년기엔 부모보다 친구들과의 관계에 더 신경을 쓰고 또래 집단에서 받아들여지는 것, 소속감을 느끼는 것이 엄청나게 중요함을 직접 확인했을 뿐이죠. 체중을 줄이고자 무작정 식사량을 줄이면 신체 건강뿐 아니라 정신 건강에도 좋지 않다는 사실이나, 영양을 잘 섭취하지 않은 몸이 겪는 기능적인 어려움, 식이 제한으로 인해 나타나는 집중력 저하와 뇌 발달상 문제 같은 것들은 아무리 얘기해봤자 아이들 귀에 들어갈 리가 없습니다. 청소년들 입장에선 그저 내 마음을 잘 알지도 못하는 어른이 늘어놓는 무용한 잔소리일 뿐이죠.

자기 몸이 불만족스러운
여자아이들

여성 청소년들이 자기 몸을 부정적으로 평가하고 마른 몸이 되기 위해서 노력한다는 사실은 조사 결과로도 확인할 수 있습니다. 질병관리청에서 실시하는 청소년 건강 행태 조사 결과, 2023년 기준 우리나라 중고등학교 학생들의 체질량지수*를 살펴보면, 남학생의 25퍼센트가 과체중**인 것에 비해 과체중에 속하는 여학생의 비율은 16.9퍼

* 체질량지수(body mass index: BMI)는 몸무게(kg)를 키의 제곱 값(m²)으로 나눈 수치다. 한국인 체질량지수 분류 기준상, 성인의 경우 BMI가 18.5~22.9는 되어야 정상 수준에 해당된다.
** 2017년 소아·청소년 성장 도표의 연령별 체질량지수 기준 85 백분위수 이상(상위 15퍼센트)인 경우 '과체중'으로 분류한다. '소아·청소년 성장

여성은 왜 스스로의 몸을 대상화하게 되었나

센트에 불과합니다.* 중고등학교 남학생의 키가 모두 170센티미터라고 가정할 때 몸무게가 70킬로그램 이상인 남학생이 전체 남학생의 25퍼센트인 데 비해, 여학생의 키가 모두 160센티미터라고 가정할 때 몸무게가 60킬로그램 이상인 여학생은 전체 여학생의 16.9퍼센트라는 뜻입니다.

그런데 여학생들은 실제로는 과체중이 아닌데도 자신을 과체중으로 지각하곤 합니다. 2023년 청소년 건강 행태 조사 통계를 좀 더 살펴보겠습니다. 조사에서는 과체중이 아니나 자신을 살이 찐 편이라고 인지하는 청소년의 비율을 보고하고 있는데요. 자신의 신체 이미지를 왜곡해서 인지하고 있는 청소년의 비율이 남학생의 경우 17.1퍼센트였으나,

---

도표[1]는 보건복지부 질병관리본부와 대한소아과학회가 공동으로 10년마다 제정·발표하는데, 가장 최근 발표한 자료가 2017년 것이라 2017년 도표를 참고했다.

* 2017년 소아·청소년 성장 도표의 연령별 체질량지수 기준 95 백분위수 이상(상위 5퍼센트)일 경우 '비만'으로 분류한다. 2021년 청소년 건강 행태 조사 결과, 우리나라 만 15세 남학생들의 비만율은 17.6퍼센트인데 반해, 여학생들의 비만율은 6.8퍼센트였다. 과체중률(체질량지수 85 이상 95 미만) 역시 만 15세 남학생이 11.5퍼센트, 여학생이 7.2퍼센트로 남학생보다 여학생의 비율이 낮았다.

여학생은 26.1퍼센트나 되었습니다.*

자신을 과체중이라고 지각하고 있기 때문인지, 여학생 중에는 체중을 줄이기 위한 노력을 하는 학생이 많았어요. 최근 30일 동안 체중 감소를 위해 노력한 적이 있는지 조사한 결과에 따르면, 그 비율이 중고등학교 남학생의 경우 25.6퍼센트인 것에 비해, 여학생은 절반가량인 43.8퍼센트나 됐습니다. 전년도인 2022년(남학생 24.7퍼센트, 여학생 39.2퍼센트)에 비해 남학생은 비슷한 비율이지만, 여학생은 증가 폭이 큰 편이었고요. 남학생에 비해 많은 여학생이 자신의 체중이 정상 범위에 있거나 심지어 정상 범위보다 낮은 수치더라도 체중 감소를 위해 노력하고 있다는 의미죠.

여학생들의 체중 감소를 위한 노력은 최근에 시작된 일시적 현상은 아닌 듯합니다. 1998년부터 2008년까지 십 년에 걸친 조사를 분석한 연구를 소개해보겠습니다.[3] 이 연구에서는 2820명의 10~18세 남녀 아동·청소년들의 자료를 분석했는데요. 분석 결과, 남자아이들의 경우 십 년간 과체중과 비만 비율이 꾸준히 증가한 것에 비해, 같은 기간 여

---

* 만 15세 기준, 체질량지수 85 백분위수(남자 BMI 24.2, 여자 BMI 23.6)를 고려해 대략 추산한 결과다.

자아이들의 과체중과 비만 비율은 거의 그대로였습니다. 오히려 초등학생 여아들에게서 저체중 비율이 두 배가량 증가했다는 사실이 확인되었죠. 여자아이들에게 대체 무슨 일이 일어나고 있는 걸까요.

더욱 놀라운 사실이 있습니다. 아직 학교도 가지 않은 미취학 여자 아동들조차 체중 조절을 생각하고 있다는 사실입니다. 최근 한 연구에서 평균 나이 5.91세인 미취학 여아들을 조사했습니다. 그 결과, 이 어린아이들조차 현재 자기가 체중이 많이 나간다고 걱정하며 지금보다 더 마르고 싶다고 생각한다는 것이 드러났습니다. 이 연구는 또 다른 유의미한 사실도 추가로 알려줍니다. 체중을 신경 쓰고 자기 몸에 불만족감을 더 많이 느끼는 아이들은 그렇지 않은 아이들에 비해 케이팝 TV 프로그램을 더 많이 보는 경향이 있다는 사실입니다.[4]

반쪽짜리
자존감

인간은 고차원적인 사고를 하고 삶의 의미를 중시하는 존재이지만, 몸의 물리적 특성이나 시각적 이미지 또한 우리의 정체성을 형성하는 데 중요한 영향을 미칩니다. 우리는 팔다리의 모양, 얼굴 생김새, 신체의 길이, 체형이 만드는 이미지를 통해 그 사람의 성격이나 기질, 사고방식을 예측하기도 하죠. 비단 신체의 객관적인 특성뿐 아니라 주관적 인식도 무척 중요합니다. 자기 몸에 관한 부정적인 인식이나 불만족감은 곧바로 자기 존재에 대한 부정적인 인식이나 불만족감으로 연결될 수 있기 때문입니다.

신체적 자기 인식은 특히나 청소년기 심리적 발달에 중요한 부분을 차지합니다. 부모에게서 차츰 독립하고자 하면서 주변의 시선이나 평가에 신경을 많이 쓰는 때이기 때문인데요. 청소년기는 성역할에 관한 사회적 고정관념을 습득해나가면서 성적 정체성을 강화시키는 시기이기도 해서, 자신이 연애 대상으로 지각하는 이성(때로는 동성)에게 매력적인(혹은 받아들여지는) 모습으로 보이는 것에 대단히 민감해집니다. 즉 남들이 보는 자신의 모습, 남들의 평가 같은 것들이 자기 인식에 직접적으로 영향을 미치게 됩니다. 청소년기에 자신의 신체에 불만족감을 느끼게 되면, 자기 존재 자체도 불만족스러워지고 자존감도 낮아질 수 있는 거죠. 그런데 남들에게 받아들여지는, 혹은 더 바람직하게 여겨지는 신체 이미지는 어디까지나 그 사회가 만드는 것입니다. 요즘 한국 사회는 특히나 마른 몸의 여성을 선호하는 현상이 두드러지는데요. 이런 현상은 여성 청소년들의 신체 자의식에 어떤 영향을 미칠까요?

우리나라 여자 청소년들은 남자 청소년들보다 훨씬 높은 비율로 자기 몸에 불만족감을 표현하고 있습니다. 한 연구에서는 여자아이들의 61퍼센트가 자기 몸에 불만족감을 표현했습니다. 자기 몸에 불만족감을 표현한 남자아이의 비율이 28퍼센트이었던 것을 생각하면, 차이가 엄청나죠. 그리고 여자아이들은 몸무게가 적게 나갈수록 자존감이 높았습니다. 좀 더 구체적으로 말하면, 몸무게를 키 제곱 값으로 나눈 체질량지수 값이 적을수록 자존감이 높았습니다. 이는 남자아이들의 자존감 점수가 체질량지수와 통계적으로 (유의미한) 상관관계가 없었던 것과 대조되는 현상입니다.[5]

정신건강전문가로서, 십 대 딸을 키우는 엄마로서, 이러한 연구 결과는 굉장히 끔찍하게 느껴집니다. 여자아이들은 팔다리가 가느다랄수록, 잘 먹지 않을수록, 크게 움직이지 않음으로써 근육도 살도 없이 체중이 적게 나가는 몸일수록 자존감이 높다는 사실이요.

여자아이들이 추구하는 여리여리한 마른 몸이 주는 메시지를 생각해볼 필요가 있습니다. 몸은 마음이나 성격과 밀접한 관계에 있습니다. 우리는 검게 그을린 피부를 보고 야외 활동을 많이 하는 외향적인 성격을 떠올립니다. 근육이 발달한 몸을 보면 강한 힘을 떠올리죠. 이런 사고 작용을 '대표성 휴리스틱'이라고 합니다. 휴리스틱이란 인간이 어떤 판단을 할 때, 모든 가능성과 단서를 고려하기엔 제한이 있으니 인지적인 지름길을 선택하는 걸 말합니다. 대표성 휴리스틱에도 그런 경제적인 효과가 있죠. 단정한 차림으로 안경을 쓴 A와 염색한 머리에 헐렁한 옷을 입은 B 중 누가 모범생처럼 보이느냐고 물을 때 쉽게 A를 지목하는 것이 그 예입니다.

그럼 다시 하던 이야기로 돌아와, '여리여리한 몸'이 주는 메시지와 대표성을 생각해보겠습니다. 여리여리한 몸은 어떤 의미를 내포하고 있으며, 어떤 성격이나 태도와 관련지어질까요. 아무래도 주장하는 사람, 강한 사람, 싸우는 사람과는 거리가 있습니다. 강한 사람, 주장하는 사람, 적극적인 사람, 이기는 사람, 싸우는 사람, 요구하는 사람, 협상하는 사람, 욕심 있는 사람, 악착같이 애쓰는 사람, 자기 욕구에 충실한 사람……. 여리여리한 몸은 이런 사람의 느낌이 아닙니다. 그리고 팔다리에 근육이 단단하게 잡혀 있는 몸, 살집이 있는 몸, 무거운 걸 잘 들어 올리는 몸, 주먹 힘이 세서 펀치 게임을 잘하는 몸, 어깨가 벌어지고 등 근육이 있는 몸과는 분명한 거리가 있습니다. 이런 몸을 지닌 사람은 성역할 고정관념에 따르면 여성보다는 남성의 전형성에 가깝죠.

보호 본능을 불러일으키는 몸, 지켜주고 싶어지는 몸, 자기 욕구를 잘 주장하지 않는 몸, 감성적일 것 같은 몸, 연민의 감정을 잘 느끼는 몸, 밥을 잘 먹지 않고 욕심이 없어 보이는 몸, 외부 자극에 쉽게 영향을 받는 섬세한 몸, 도움이 필요해 보이는 몸, 다른 사람의 의견에 잘 따를 것 같은 몸, 수동적이고 수용적일 것으로 보이는 몸. 다시 말하면, 사회적 영향력이 없고 주체성이나 주관이 뚜렷하지 않은 연약

함, 즉 맞서지 않는 수용성, 주장하지 않는 수동성, 나서지 않는 소극성……. 이런 것들이 바로 여리여리한 몸이 주는 메시지입니다.

가슴과 엉덩이 같이 여성 신체의 성적 특성이 강조되어 욕망의 대상이 되는 것도 우려되지만 여리여리한 몸, 이건 더 좋지 않습니다. 성적 욕망을 드러내거나 그 대상이 되는 것에조차 무관심한, 그저 심리적으로 수동적이고 물리적으로 나약한 몸이 되는 것이 여자아이들이 자존감을 확보할 수 있는 길이라니요.

마른 몸을 만들어 유지하면 어느 정도의 관심과 인정과 사랑을 확보할 수도 있겠지만, 이건 뭔가 이상합니다. 이렇게 약한 몸으로 지내면 많은 면에서 제약을 받으니까요. 모름지기 인간은 자유의지로 살아가는 존재로, 스스로 뭔가를 하고자 하는 뜻을 세우고 그것을 실행해나가며 자기 신뢰를 쌓아갑니다. 남들은 마른 몸이 부럽고 보기 좋다고 하지만, 나는 자주 피곤하고 기운이 없거나 무엇에도 길게 집중하게 어렵고 기분이 종종 우울해진다면, 스스로 행복하거나 만족스럽기보다는 남들의 시선에 자기 삶의 만족감을 담보하고 있는 것이나 마찬가지겠죠. '보여지는 몸'에 대한 만족감으로 확보한 자존감은 그저 반쪽짜리일 뿐입니다.

바비 인형은
없다

어느 유명 여자 아이돌 그룹 멤버의 키가 170센티미터이고 몸무게는 45킬로그램이라는 기사를 봤습니다. 어떤 기사에서는 48킬로그램이라고 하네요. 그 멤버의 체질량지수를 계산해봤습니다. 체질량지수는 영어로 'body mass index'로, 줄여서 BMI라고 하는데요. 몸무게(kg)를 키의 제곱 값(m^2)으로 나눈 수치입니다. 만일 몸무게가 45킬로그램이라면, 그의 BMI는 $45 \div 1.7^2 = 15.57$입니다. 몸무게가 48킬로그램이라면 BMI는 $48 \div 1.7^2 = 16.61$이고요. 그런데 BMI가 17 미만이면 중등도의 저체중에 해당하여 거식증으로 본다는 사실, 알고 있나요?* 45킬로그램이건 48킬로그램이건, 키가 170센티미터인 사람이라면 몸무게로는 너무나 낮은 수치입니다. 월경이 불규칙하거나, 일상 중 식사가 잘 이루어지지 않고 있거나, 식사를 심하게 제한하면서 오히려 먹는 것에 심리적으로 집착하고 있을 가능성이 우려되는 상태로 볼 수 있습니다. 여성의 경우 체질량지수가 19는 넘어야 정상으로 보니까, 키가 170센티미터인 사람이라면 적어도 55킬로그램은 되어야 정상 체중이라고 볼 수 있죠.**

그런데 많은 여자아이가 아이돌처럼 길고 마른 몸매를 선망하고 따라 하고 싶어 합니다. 우리나라 여자아이들만 그런 것도 아니에요. 구글 검색창에 'K-POP diet'을 입력해보면, 수많은 블로그와 기사가 검색됩니다. 우리나라 아이돌 문화가 세계적인 관심을 끌기 시작하면서, 아이돌 그룹 구성원들의 노래와 춤뿐 아니라 마른 몸과 패션 스타일도 인기를 얻게 된 것이겠죠. 여자아이들이 건강하지 않은 몸, 비현실적인 몸을 선망하도록 하는 사회문화적 분위기와 미디

*   경도 저체중: 17 이상 18.5 미만, 중도 저체중: 16 이상 17 미만, 고도 저
     체중: 15 이상 16 미만, 최고도 저체중: 15 미만.
**   대한비만학회가 2022년에 발표한 비만 진료 지침 8판에 의하면, 한
     국인 체질량지수의 분류 기준은 다음과 같다: 저체중 18.5 미만, 정상
     18.5~22.9, 비만 전 단계 23~24.9, 1단계 비만 25~29.9, 2단계 비만 30~
     34.9, 3단계 비만 35 이상.

어의 영향, 그것을 우려하는 목소리 같은 것들은 최근의 일만은 아닙니다. 바비 인형 얘기를 한번 해볼까요?

바비 인형은 1959년에 미국 완구 회사인 마텔에서 출시한 여자 인형입니다. 이 글을 쓰는 2024년에 바비의 실제 나이를 따져보면 무려 64세예요! 그런데 바비는 늘 19세 정도의 외모를 유지하며 늙지 않죠. 전 세계 많은 어린이가 갖고 싶어 하고 실제로 가지고 노는 바비는, 작은 얼굴에 허리가 엄청 잘록하고 다리는 긴데요. 가슴과 엉덩이 크기를 보면 정말 비현실적인 비율이 아닐 수 없습니다. 니콜라이 램 (Nickolay Lamm)이라는 그래픽 아티스트가 바비를 19세 여성이라고 가정하고 일반적인 19세 미국 여성의 평균 몸매와 비교하는 작업을 해서 화제가 된 적이 있습니다.

19세 미국 여성의 평균 가슴, 허리, 엉덩이의 사이즈가 32-31-33인치인데, 바비의 몸매를 사람 몸의 크기로 환산해보면 36-18-33인치라는 것을 밝혔어요. 그리고 이런 수치로 짐작해볼 때, 바비의 체질량지수는 16.24로 거식증에 해당한다는 사실도요. 니콜라이 램은 이어서 평균적인 19세 미국 여성의 몸매를 한 인형을 제작하여 바비와 나란히 놓고 찍은 사진을 자신의 웹사이트에 공개했습니다.[6] 수많은 여자아이들이 어릴 때부터 바비 인형을 가지고 놀며 자라지만, 현실에서 보는 여성의 몸매는 전혀 바비와 같지 않다는 것을 눈으로 확인하게 한 것입니다. 자, 이제 우리는 아이들에게 어떤 인형을 건네주어야 할까요?

다이어트를 넘어
식이장애로

광화문 근처에 공정무역 커피와 우리밀 빵을 파는 빵집이 있었습니다. 조용한 길목에 있고 안심할 수 있는 재료로 만든 빵을 파는 곳이라 주말에 어린 딸을 데리고 나가면 한 번씩 들러 빵을 먹으며 앉아 있다가 오곤 했어요. 그날도 그런 날이었습니다. 당시 대여섯 살이던 딸은 옆에서 빵을 먹으며 그림을 그렸고, 저는 그 틈에 잠깐 책을 읽는 아주 한가로운 시간이었죠. 그런데 매우 마른 몸에 헐렁한 옷을 입고 모자를 푹 눌러쓴 여성 손님이 한 명 들어왔어요. 임상심리학자로 오래 일해온 저는 한눈에 알아볼 수 있었어요. 거식증 환자인 것을요. 그 여성이 빵집에 들어와 빵 쟁반을 들고 집게를 집는 순간부터 저는 긴장하기 시작했어요. 어떤 일이 벌어질지 알 것 같았기 때문이었죠. 예상대로 그는 큰 빵 두 개와 작은 빵 하나를 집어서 계산하더니, 건너편 테이블에 자리를 잡았어요. 매고 있던 가방에서 대용량 감자칩까지 꺼냈죠. 가방에서 꺼낸 것은 그뿐이 아니었어요. 커다란 검은 비닐봉지도 꺼냈습니다. 그리고는 검은 비닐봉지를 침착하게 테이블과 몸 사이에 놓고 곧이어 쟁반 위의 빵을 차례대로 입에 넣고 씹은 다음 뱉어냈어요. 이어서 감자칩 봉지를 뜯는 걸 보고 그 속에 든 것까지 모두 입 안을 거쳐 비닐봉지로 옮겨지기 전에 저는 아이를 데리고 자리에서 일어났습니다.

우리가 흔히 거식증이라고 부르는 신경성 식욕부진증 (Anorexia Nervosa)은 섭식 장애(Eating Disorder)의 일종입니다. 먹고 마시기를 거부하거나 극히 제한하는 행동 자체가 주요 증상인 정신의학과적 질병인데요. 자신의 체형에 관한 생각과 지각이 크게 왜곡되어 있다는 것이 거식증의 대표적인 특징입니다. 국제적으로 통용되는 신경성 식욕부진증의 진단 기준(미국정신의학회가 발행하는 '정신질환의 진단 및 통계 편람 제5판(DSM-5)' 기준 참고)을 살펴보면 아래와 같습니다.

A. 필요한 양에 비해 지나친 음식물 섭취 제한으로 현저하게

저체중.

B. 체중이 증가하거나 비만이 되는 것에 대한 극심한 두려움, 혹은 체중 증가를 막기 위한 지속적인 행동(지나친 저체중일 때도).

C. 기대되는 개인의 체중이나 체형을 경험하는 방식에 장해가 있고, 자기 평가에서 체중과 체형에 대한 지나친 압박 혹은 현재의 저체중에 대한 심각성 인식의 결여.

거식증은 단순히 '다이어트'를 하기 위해 먹는 것을 제한하는 것이 아닙니다. 누가 봐도 저체중 상태인데도 자기 몸이 '뼈말라'* 상태에서 벗어나면 '살이 쪘다'고 지각하며, 식생활을 극도로 제한합니다. 자기만의 기이한 방식으로 최소한의 음식만 섭취함으로써 삶을 통제하고 있다고 느끼기 때문에 오히려 음식에 과도하게 집착하고 강박적인 모습을 보입니다. 그런데 이러한 음식 거부는 자신의 의지로 일어나는 일이므로, 거식증은 치료가 매우 어렵습니다. 거식증 당사자는 보통 치료자를 자신의 의지와 통제력에 방해가 되는

---

* 거식증 상태를 선망하고 유지하고자 노력하는 '프로아나' 그룹에서 사용하는, 뼈만 남은 듯 앙상하게 마른 몸을 칭하는 말이다.

사람으로 인식하기 때문에 치료에 적극적으로 응하지 않죠. 이렇게 치료자와 팽팽히 맞서며 치료를 거부하고, 음식 거부로 인한 영양 부족 상태가 지속되다 보면 결국은 사망에 이를 수 있습니다. 사람이 스스로 마른 몸을 유지하기 위해 굶다가 죽는 거죠. 정말 안타깝고 끔찍한 일입니다.

이 지독한 정신의학과적 질병, 신경성 식욕부진증은 앞서 말한 바와 같이 먹지 않는 행동 그 자체가 주요 증상이며, 아직까지 증상과 관련된 특별한 바이오마커(biomarker)가 발견되지 않았습니다. 바이오마커는 단백질이나 DNA 등을 이용해서 체내 특정 질병의 원인이나 진행 과정 등을 알아낼 수 있는 지표를 말합니다. 따라서 어떤 질병에 바이오마커가 발견되지 않았다는 것은 그 질병에 특별한 유전적인 특성이나 생물학적 요인이 없음(혹은 밝혀지지 않았음)을 뜻합니다. 그런데 신경성 식욕부진증이란 병의 참으로 특이한 점은, 이 병에서 여성의 생물학적 특성과 관련된 바이오마커가 발견되지도 않았는데, 환자의 90퍼센트 이상이 여성이라는 점입니다. 생물학적인 여성만이 갖고 있는 특정 성기관과 관련된 질병이라면 여성이 환자의 대부분임이 당연하겠지요. 자궁암이나 유방암처럼요. 그러나 신경성 식욕부진증은 그렇지 않습니다. 자궁이나 난소, 성호르몬의 문제가 아니라는 말이죠. 성 기관과 관련되지 않은 정신장애가 여성에게서 주로 나타나며, 특히나 여성 청소년과 20대 초반 여성에게서 유병률이 높다는 사실은 왠지 좀 섬뜩합니다. 도대체 어떤 이유로 여성들은 이토록 거식증에 취약할까요?(다른 인구통계학적 집단보다 그 질병에 더 잘 걸릴 때, 그 병에 '취약하다'는 표현을 씁니다.) 특별한 생물학적 요인이 없다면 다른 요인을 찾아봐야겠죠.

연구자들은 신경적 식욕부진증의 심리·사회적 요인을 탐색해왔습니다. 그 결과, 다음과 같은 것들이 신경적 식욕부진증의 발병 가능성을 높인다는 것이 밝혀졌어요. 낮은 자존감, 어린 시절 학대 경험, 또래 관계 갈등, 완벽주의적 성향 등입니다. 그런데 이런 위험 요인을 갖고 있는 사람 중에서도 여성은 남성보다 훨씬 더 거식증에 걸려 마른 몸과 음식에 집착하는 증상에 시달릴 가능성이 높습니다. 사실 이 병에 가장 큰 영향을 미치는 사회적 요인이 있기 때문 아닐까요? 여성에게 마른 몸이나 먹지 않음, 연약함에 대한 집착을 부추기는 '사회적 압력' 말입니다.

예쁘게 보이면서도 건강하기는 가능할까

　　여자아이들은 아주 어릴 때부터 사회가 선호하는 여성의 신체적 매력이 무엇인지 자각하기 시작합니다. 청소년기에 들어서면서부터는 여성으로서의 성 강화(gender intensification) 현상이 일어나, 전통적인 여성상에 자신을 더 맞춰나가며 자기 몸을 다른 사람의 시선으로 판단하고 평가하게 됩니다. 즉 자기 자신을 '대상화(objectification)'하는 거죠.

　　'대상화'란 우리말로는 1) '어떤 사물을 일정한 의미를 가진 인식의 대상이 되게 한다'는 뜻과 2) '자기 주관 안에 있는 것을 객관적인 대상으로 구체화하여 밖에 있는 것으로 다룬다'는 뜻이 있습니다. '인식의 대상'이 되게 한다거나 '구체화'한다니 얼핏 좋은 말인가 싶지만, 사람을 '대상화'한다는 것은 쉽게 말해서 그 사람을 인격을 지닌 사람 자체로 보지 않고 물건 취급한다는 의미입니다. 사람을 대하면서 마치 물건을 대할 때처럼 객관적인 특징으로 규정짓거나, 특정 역할을 부여함으로써 존재 가치를 한정해버리는 것이죠.

몸의 생김새와 시각적 이미지는 자본주의 사회에서 사람의 가치를 정하는 큰 조건으로 작동합니다. 특히 여자아이들은 같은 연령대의 남자아이들보다 자기 몸을 더 대상화합니다. 미디어나 주변 사람들이 여성의 몸을 자주 평가의 대상으로 삼고, 사회가 선호하는 여성의 신체에서 벗어나면 어떤 대우를 받는지 계속해서 전달해주기 때문이죠. 이렇게 여성으로서 바람직한 몸, 여성스러운 몸, 사랑받을 수 있는 몸에 관한 메시지에 오랫동안 노출되다 보면, 여자아이들은 자연스레 타인의 관점, 사회의 시각으로 자기 몸을 평가하게 됩니다. 사회적 기준을 내재화하게 되는 겁니다. 그러니 요즘같이 여성에게 마른 몸, 여리여리한 몸을 강요하는 사회에서는, 청소년기에서 초기 성인기에 이르는 여성들이 일상적으로 '다이어트'를 하고 저체중을 유지하고자 애쓰는 게 자연스러운 현상이겠죠.

여성의 마른 몸을 선호하는 사회의 왜곡된 시선과 강요, 자기 몸을 남들의 평가와 선택에 맡긴 채 자기도 모르는 새

건강을 잃어가는 여성들……. 어린 여성들이 무조건 마르고 자 노력하며 힘들어하는 것을 보면 말리면서 경각심을 심어 줘야겠지만, 다른 사람들에게 사랑받고 관심을 끌고자 하는 것은 인간의 기본적인 욕구이기도 하므로 참 난감합니다.

실제로 젊은 여성이 무슨 옷을 입어도 약간은 헐렁한 듯 보이는 야윈 모습은, 남성들에게는 인기를 끌고 여성들에게 는 선망의 대상이 되니 부러움을 삽니다. 그렇게 여리여리 한 모습이 아니라면 차라리 가슴과 엉덩이 굴곡이 두드러지 는 몸매면 좋겠죠. 개미허리에 '애플 힙'이나 가슴골이 강조 된 옷차림의 연예인 사진이라도 보면 그런 몸매가 아니어서 연애를 못 하는 것 같고, 자기 관리를 잘하지 못하는 스스로 가 무능하게 느껴집니다.

저는 학교에서 만나는 이십 대 초반 여성 대학생들에게 이 문제를 생각해보게 하고자, '여성심리학' 수업 시간에 토 론 주제를 주곤 합니다. '건강한 몸 만들기'와 '남들에게 사 랑받기'는 과연 두 마리 토끼를 잡는 것과 같은 일일지 묻는 거죠.

많은 학생이 토론에 참여하며 놀라운 이야기들을 털어놓 았습니다. 그간 무리한 절식과 살 빼기로 오랫동안 스트레스 에 시달린 경험과 그러다 건강을 해친 경험, 섭식 장애로 고

생한 경험 같은 것들을요. 학생들의 육성을 접하다 보면 거식증이라는 심각한 정신 건강 문제가 먼 곳의 이야기가 아님을 확인할 수 있습니다. 이토록 많은 청소년과 청년들이 자기 몸을 향한 사회적 시선과 평가에 일상적으로 노출되어 심리적 스트레스를 견디고 있다는 현실…… 아래에 제가 목격한 그 아픈 고백들을 공유합니다. 우리 사회는 여성 청소년들과 청년들에게 무슨 짓을 하고 있는 걸까요?

어릴 때 마른 편이었지만, 생리를 시작하면서 몸이 변화하다 보니 체중이 늘었습니다. 몸이 통통한 게 싫어서 중학교 때부터 다이어트를 끝임없이 했던 기억이 지금도 생생합니다. 예체능 계열이라 입시를 준비하면서는 식단 조절을 극단적인 수준으로 하면서 저체중을 유지하려고 노력했습니다. 그런데 살이 빠지고 마른 몸이 되어가는 것이 분명한데도 만족스럽지 않았고 점차 강박증에 시달렸습니다. 아주 마르지 않고서는 예뻐 보이지 않아서 적게 먹거나 아예 굶다가 폭식을 하는 식으로 섭식 장애를 겪었던 것 같습니다. 그러다가 체력이 떨어지고 불면증이 생기는 등 몸이 망가졌고 그제야 제가 처한 상황이 심각하다는 것을 자각해 겁이 났습니다.

저는 키가 큰 편이라, 뼈대와 골격도 다른 평균적인 여성들보다 큽니다. 또 어깨가 넓고, 신체 크기가 전체적으로 큰 편입니다. 학생 시절부터 주변에서 "너는 떡대가 왜 이렇게 커?", "넌 조금이라도 살찌면 안 되겠다, 남자 몸매 같아"라는 말을 들었습니다. 이 때문인지, 제 키에 비해 저체중임에도 불구하고 끊임없이 다이어트를 하며, 한때는 섭식 장애를 겪을 만큼 저 자신을 검열하고 남과 비교했습니다. 무리한 다이어트와 스트레스 때문인지, 어느 날 겨드랑이 쪽 림프샘이 붓기 시작했고, 가슴도 심하게 부어올랐습니다. 림프샘이 자주 붓는 것은 면역력이 많이 떨어졌음을 의미하는 징표로 알고 있습니다. 마치 제 몸이 이젠 더 이상 못 버티겠다는 듯, 손가락, 발목, 사타구니 림프샘 등 여러 부위에 통증과 염증 반응이 올라왔습니다. 병원도 정말 많이 다녔고, 단기간에 몸이 망가지는 경험을 했습니다.

학창 시절에 비정상적으로 굶는 다이어트를 몇 개월간 지속한 경험이 있습니다. 하루 섭취 열량을 300칼로리 미만으로 정해놓는 극단적인 다이어트를 진행한 것인데요. 당시에는 점점 말라가는 제 몸을 보며 뿌듯함을 느꼈습니다. 주변에서는 다이어트를 어떻게 했냐면서 비법을 묻기도 했고, 예뻐졌다며 외모 칭찬도 많이 받았습니다. 저는 주변에서 들려오는 좋은 평가에 자존감도 올라가고 기분이 좋아졌지만 어느 샌가 칼로리 강박, 몸무게 강박이 생기더니 스스로를 더 채찍질하기 시작했습니다. 그 결과 저혈압이 생겨 자주 기절하게 되었고 한번은 책상 모서리에 머리를 크게 박고 쓰러지는 사고를 겪었습니다. 그 일 이후 제 상태의 심각성을 느끼고 조금씩 식사량을 늘려갔지만 건강을 되찾는 데 3년 이상의 시간이 걸렸습니다.

저는 사춘기 이전부터 마른 몸이 사회가 여성에게 원하는 모습에 가깝다는 것을 알았는데요. 여전히 마른 몸이 경쟁력이라고 생각해, 늘 같은 상태를 유지해야 한다는 부담감을 가지고 있습니다. 첫 다이어트는 초등학교 6학년 때 시작했습니다. 지금 생각해보면 청소년기 성장 과정에서 체지방이 늘어나는 일이 지극히 자연스러운데, 그때는 갑자기 살이 찌는 게 큰 걱정과 스트레스였습니다. 아침은 샐러드로 먹고 오후 6시 이후에는 물만 마시는 간헐적 단식을 시작했습니다. 건강을 목적으로 한 다이어트였다면 참 좋았겠지만, 이미 저체중이었다는 점을 생각하면 안타깝습니다. 요즘도 살이 조금 찌기만 하면 강박적으로 원래 모습으로 돌아가려 한다는 점이 해결하기 어려운 고민거리입니다.

불과 3년 전까지만 해도 제 몸을 혐오했습니다. 태어날 때부터 다른 여자아기보다 무거웠습니다. 그래도 학생 땐 지극히 정상 체중이었는데 남자아이들이 돼지라고 놀려대서, 앞에선 아니라고 소리를 질렀지만 뒤에선 종일 밥을 안 먹는다거나 셰이크만 먹는 등 다이어트를 위해 건강을 해치는 행동을 했습니다. 중학교 3년 중 2년 반은 급식 신청도 안 할 정도였고, 통통한 몸으로 발표를 해야 하는 날이면 아예 결석해버리는 경우도 많았습니다.

시대가 아무리 바뀌어도 마른 몸매만을 선망하고 부러워하는 사회. 특히 여성에게 심하게 마른 몸매를 요구하고 강조하는 (한국에서 특히 심한) 이 관습은 매우 괴기스러워 보입니다. 이런 현상은 20대 여자인 저에게 거의 매일 볼 수 있는 일인데요. 일주일을 꼬박 굶었는데 하루 좀 먹었다고 2킬로그램이나 쪘다며 울면서 전화를 하던 한 친구와 살 빼는 약이라 아침에 먹어야 한다며 일어나자마자 엄마가 입 안에 약을 넣어주었다던 친구의 경험담, 중고등학생 때 예쁘고 마른 걸 그룹을 보며 "우리는 왜 살지?"라며 시시

덕거리던 일상적이었던 대화들…….

겉으로는 그저 잘 살고 있는 것처럼 보여도, 학생들을 한 명 한 명 잡고 물어보면 이토록 생생하게 고통스러운 기억이 상기된다는 사실이 무섭고 가슴 아픕니다. 사랑받고 싶은데 어떻게 해야 할지 몰라 허둥대는 아이였던 제 모습이 겹쳐 보여 더 그렇기도 하고요. 한편으로는 여자아이를 키우는 엄마로서, 또 여자 대학생들을 가르치는 선생으로서, 이렇게나 시대가 바뀌었어도 여전히, 아니 어쩌면 '더' 여자아이들이 건강하게 성장하지 못하도록 막는 엄혹한 현실이 원망스럽고 소름이 끼칩니다. '예쁘게 보이면서도 건강하기'는 어쩌면 '자기 생각을 주장하면서도 상냥하기'처럼 여자아이들이 터득해야 할 도달 불가능한 미션 같은 것인지도 모르겠습니다.

그러면 이제 막 청소년기를 지나 성인이 된 여자 대학생들은, 자기 몸을 바라보는 '대상화된 신체 의식'과 그로 인한 스트레스를 어떻게 해결하고 있을까요? '사람들의 관심을 끌고 사랑받는 것'과 '건강하고 행복한 나로 사는 것'은, 정말로 동시에 잡을 수 없는 두 마리 토끼일까요?

사회가 강요한 여성성을 따르며 사람들의 관심과 사랑을 받으려고 애쓰면서 건강하고 행복한 나로 살기는 어려운 것 같습니다. 제 생각에 '건강한 나'는 사회가 요구하는 여성이 되는 것에서 벗어나기 때문입니다. 남성은 여성에 비해 꾸밈 노동을 하지 않거나 덜 하고, 자기 몸의 기능적인 면에 더 신경 씁니다. 여성도 이제는 외모 강박에서 벗어나 자기 몸을 대할 수 있는 사회가 되길 바랍니다.

우리가 타인의 시선을 지나치게 의식하는 것은 스스로 자신을 대상화하는 것과 마찬가지인 것 같다. 타인의 시선을 신경 쓰지 않고 사회가 원하는 여성에서 벗어나 진정한 자기 자신으로 살아가다 보면 여성 스스로 건강하고 행복해질 것은 틀림없다.

사람은 다양한 신체를 가지고 태어나며 저마다 고유한 신체 특성이나 비율로 자라는데 사회에선 여성에게 자꾸만 '기준점'을 제시합니다. 대표적인 예는 '쓰리 사이즈(three sizes)'입니다. 이는 가슴 정중앙 둘레 − 허리둘레 − 엉덩이둘레를 표기하는 말로 주로 여성들이 쓰리 사이즈를 이용하여 이상적인 몸으로 맞추기 위해 검색해보거나 캐릭

터에 쓰리 사이즈를 표현하여 여성성을 강조하기 위해 사용하는 용어입니다. (중략) '기준점'이 된 여성이어도 수없이 비교당하고, 가만히 있어도 대상화의 도구로 전락하기 때문에 자신을 있는 그대로 받아들이기가 어렵습니다. 이를 극복하기 위하여 자존감을 키우고, 건강하고 행복한 나로 사는 것을 실천해야 한다고 생각합니다. 저는 어렸을 때부터 키가 동성에 비해 커서 '거인 같다', '덩치가 남자보다 크다'라는 말을 듣고 자라, 키가 작았으면 좋겠다는 소리를 입에 달고 살았던 적이 있었습니다. 하지만 현재에는 키 큰 여성이 인기가 많으면서 주위 사람들이 지금은 '부럽다', '또래보다 크니까 인기 있겠다'라는 소리를 듣고 황당했던 기억이 있습니다. 이후 자신을 돌아보고 생각해보며 남들에게 휘둘리지 않기 위해 책을 많이 읽었습니다. 내 가치관이 생기면 나를 받아들이기가 더 쉽고 사회가 만드는 대상화한 기준점에서 더 쉽게 벗어날 수 있는 것 같습니다.

자신의 마음을 어떻게 다루느냐에 따라 두 마리 토끼를 잡을 수 있다고 생각합니다. '건강하고 행복한 몸'으로 사람들에게 충분히 사랑을 받을 수 있다는 마음이 있다면 두 마리 토끼를 잡을 수 있을 것이라 봅니다. 하지만 현재 우리 사회는 '마른 몸'에 대한 선망을 여기저기서 확인할 수 있는 곳, 멋진 외모를 가졌다는 이유로 칭찬을 받는 곳이기에 솔직히 그런 건강한 마음을 먹기란 굉장히 어려운 것 같습니다. 미디어에서는 마른 체구의 여성이 아름다운 이미지로 계속해서 등장하고 또 이러한 몸이 또래 친구들 사이에서 선망의 대상이 되기도 합니다. 저 또한 사랑받을 수 있는 자격을 잘못 인식하는 바람에 정상 체중임에도 불필요한 다이어트를 했던 경험이 있습니다. 사람들에게 관심과 사랑을 받는 방법은 '마른 몸'만이 아닌데 말입니다. 마른 몸매만이 사랑을 받을 수 있는 유일한 방법이 아니기도 하고 누군가를 사랑하고 관심을 갖게 되는 데는 여러 가지 이유와 방향이 있는 것이기에 '건강한 마음'이 중요하다고 생각합니다. 따라서 "두 마리 토끼는 잡을 수 없다"기보다 "상당히 잡기 어려운 게 아닐까"라고 조심스럽게 말하고 싶습니다.

사랑받으려면 예뻐야 하고, 관심을 받으려면 마치 붓으로 그려낸 듯 그림 같은 신체가 필요할까요? 저는 이 전제부터가 오류라고 생각합니다. 애초에, 완벽한 신체와 외모만으로 끌어낸 관심과 사랑이 진실한 것이라고 볼 수 있을까요? 만약 성적인 매력을 지닌 신체와 완벽한 외모로 남성들에게 인기를 끌고 다른 여성들에게 선망의 대상이 되었다면, 그 인기나 선망이 그 사람의 전부를 반영한 것이라는 생각이 들지 않습니다. 허리가 일자였다면, 엉덩이가 없었다면, 가슴이 없었다면 생기지 않았을 인기와 사랑을 진짜라고 생각해도 되는 것일까요? 반대로 개미허리라서, 애플힙이라서, 가슴골이 있어서 오는 관심이 나를 향한 진정한 관심과 사랑이라고 생각해도 되는 것일까요? 이렇게 얻은 관심과 사랑으로 더 이상 나는 외롭지 않고, 건강하고 행복하게 살 수 있을까요?

'사랑받으며 건강하기는 과연 두 마리 토끼를 좇는 일일까'라는 질문에 학생들이 답한 이야기들 중 일부입니다. 나로 살아가기에 충실하며 자신의 기준을 만들어서 살기. 나의 기준을 따라 스스로 '괜찮은 사람'이 되기. 어렵겠지만 사회적 기준이나 남들의 시선에 휘둘리지 않으려 애쓰기. 이런 답변들 속에서 우리 이십 대 여성들이 고군분투하고 있는 모습을 엿볼 수 있었어요. 이들은 이제껏 겪어온 사회적 압력과 구속의 영향을 가늠하고, 자기 삶을 잘 꾸려가기 위해 자신의 기준을 세우며 치열하게 시행착오를 거치고 있었습니다. 안쓰러우면서도 한편으로 안심이 되었어요. 학생들의 이야기처럼 굳이 두 마리 토끼를 다 잡을 필요는 없습니다. 내 길을 찾아 열심히 가다 보면, 어느새 나를 따라오는 토끼도 있을 겁니다. 그 토끼보다 더 멋진 것을 발견할 수도 있고요. 그리고 당장 그렇지 않더라도 괜찮다는 뚝심을 키울 때까지, 저는 어떻게든 응원하고 도움이 되고 싶다는 생각을 해보았습니다.

3장

여자아이들의 운동하기

여자아이에게는
축구를 권하지 않는 사회

소망이는 티니핑과 축구를 좋아하는 여섯 살 여자아이입니다. 동료 교수님의 외동딸인데, 그분을 만나면 소망이 얘기 듣는 게 너무 재미있어요. 말을 하기 시작한 지 몇 년 되지도 않은 아이가 어찌나 하고 싶은 것이 그렇게 분명한지, 그것들을 어쩜 그렇게 잘 표현하는지, 밤마다 엄마와 하고픈 말도 놀이도 많아서 잘 자려고 하지 않고 애를 먹인다는 이야기도 귀엽고 재미나기만 합니다. 그런데 지난 학기 어느 날 점심을 먹다가 듣게 된 소망이 얘기는 별로 재미있지 않은 내용이었어요.

소망이가 축구반에서 나와야 해서 이제 축구 활동을 못하게 될 것 같다는 얘기였습니다. 아이가 축구 수업이 있는 날은 아침부터 스스로 축구복을 챙기고 신나게 집을 나서는데 어떻게 해야 할지 모르겠다는 한숨 섞인 말이 이어졌어요. 이유를 물었더니, 며칠 전 유치원 원장님한테 전화가 왔다고 합니다. '지금 축구반에 여자아이는 소망이 하나뿐이다', '여자아이들은 따로 체육 활동을 계획하고 있으니 그 반에 들어가는 게 좋겠다', '축구를 하다가 다칠 수도 있다' 같은 말들을 들었다고 하네요. 그런데 아무리 생각해도 이 말들은 소망이가 축구반을 나와야 하는 명확한 이유라고 할 수는 없었습니다. 축구반에 여자아이가 한 명뿐이어도 그 아이가 괜찮다면 안 될 이유가 없고, 학령기 전의 아이들의 경우 남녀를 따로 구분해 체육 활동을 시키는 교육 방식에 과학적 근거도 없으며, 축구를 하다 다칠 수 있는 건 남자아이들도 마찬가지니까요. 소망이 엄마는 며칠 뒤 원장님과 면담을 했고, 곧 연말이니 올해는 소망이까지 포함하여 축구반을 운영하기로 했다는 이야기로 마무리 지었다고 해요. 그러나 내년부터는 축구반에 여자아이는 처음부터 받지 않겠다고 못을 박았답니다.

어른들 사이에서 무슨 일이 일어나고 있는지 아무것도 모르는 소망이는 하던 대로 즐겁게 축구 활동을 했고, 시간은 흘러 새해가 되었습니다. 이제 소망이에게 여섯 살부터는 축구반에 갈 수 없다고 말해야 하는 소망이 엄마. 저는 소망이 엄마가 딸에게 축구를 시키고 싶은 마음, 소망이가 축구를 좋아하는 이유, 여자아이가 혼자 축구반에서 남자아이들과 공을 찰 때 걱정해야 할 문제, 축구반에서 여자아이를 빼기로 한 기관의 결정 같은 것들이 소망이네만 겪는 특별한 이야기는 아닐 거라는 생각이 들었어요. 그 개인적이나 개인적이지만은 않을 이야기를 듣기 위해, 하루 날을 잡아 소망이 엄마, 문공주 교수님과 녹음기를 켜고 대화를 시작했습니다. 문공주 교수님은 과학 교육 전문가로 동덕여자대학교에서 과학 교양 교육을 맡아, 학생들이 과학적 사고 능력을 키우고 과학과 사회의 관계를 이해할 수 있도록 애쓰고 계십니다. 학창 시절에는 여중, 여고, 여대에서 공부했고 지금은 여자대학교에서 과학을 가르치며 본인을 꼭 닮은 어린 딸을 키우고 있으니, 딸에게 축구를 시키는 데서 엿보이는 여자아이들의 체육 교육에 대한 각별한 생각과 관심이 기대되었습니다.

박혜연   소망이 축구는 어떻게 됐어요?

문공주   올해부터 여자아이는 축구반에 들어갈 수 없다니까 애한테 이제 여섯 살 되어서 못 간다고 얘기해야 해요.

그런데 도대체 어떻게 얘기해야 할지 모르겠어요. 축구반의 다른 아이들은 다 계속하는데 자기만 나와야 하는 상황을 아이가 이해하지 못할 거고요. 결국 '너는 여자애라서 안 된다'라고 말해주는 게 가장 쉬운 방법인데, 그 말을 정말 내 입으로 해야 하나……. 골치가 아파요.

박혜연 소망이는 처음에 축구를 어떻게 시작하게 된 거예요?

문공주 제가 시키고 싶었어요. 사실 이게 다 저의 결핍에서 비롯된 일인 것 같아요. 제가 여중, 여고를 나왔는데, 특히 여중 때 체육 시간이면 딴짓을 하거나 앉아서 수다를 떨거나 그랬거든요. 어쩌다 발야구 정도는 했는데, 하기 싫었어요. 그래서 '나는 체육을 싫어하는 애구나'라고 생각한 거죠. 근데 커서 보니까 내가 그렇게 운동을 싫어하지 않는 거예요. 요가나 필라테스나 수영도 좋아하고 골프도 많이 쳤고요. 그런데 구기 종목들은 접할 기회가 별로 없고, 그래서 다른 사람과 같이하는 운동을 할 기회가 없더라고요. 운동을 다 커서 배우다 보니, 지금 내가 하는 운동은 모두 혼자 하는 운동인 거예요. 혼자 하는 운동이 나한테 맞을 수도 있지만, **어렸을 때 축구나 배구를 하면서 다른 사람들하고 같이 운동장을 써봤다면 어땠을까** 하는 생각이 들더라고요. 저에게는 함께 하는 운동에 진입 장벽이 있는 거죠.

박혜연 그런 여럿이 하는 운동은 내 영역이 아니라고 여기게 되었다는 거죠?

문공주 그렇죠. 진입 장벽이 있는 상태인데, 한 번도 누가 그 문을 열어준 적이 없다는 생각이 들었어요. 이런 생각이 언제 시작되었는지 짚어보면, 늦게 아이를 낳고 몸이 약해지면서부터였어요. 하고 싶은 건 많은데 체력의 한계가 느껴지는 거예요. 그러면서 '언제부터 이런 걸까', '나는 왜 이렇게 체력이 약한가' 이런 생각을 하며 되짚어보니 그동안 체력을 키울 기회를 제대로 접한 적이 없었더라고요. 누가 나한테 체력이 중요하다거나 운동이 중요하다는 얘기를 안 해줬고, 어른이 되고 나서 필요성을 느끼면서 알게 된 거죠.

　내 체력이 약한 근본적인 이유를 생각해보고, 체육 시간에 왜 내가 앉아 있게 되었는지 스스로 질문해봤어요. 어려서부터 애들하고 같이 축구하고 배구하고, 누군가와 함께 공을 가지고 뛰어놀고 몸을 부딪치면서 놀았으면 어땠을까? 그러면서 운동장이라는 공간을 썼으면 당연히 그 자리가 내 것이라고 생각했을 텐데, 거의 40년간 그런 경험을 한 적이 없더라고요. 그러면 우리 애도 나중에 하고 싶은 일을 하려면 체력을 키워야 할 텐데, 그러려면 어려서부터 몸을 움직이고 체력을 기르고 자기 건강을 챙기고 운동하는 경험이 꼭 필요하겠다고 생각하게 된 거죠. 그래서 아이가 다니는 기관에 축구 교실 같은 게 생기면 꼭 시켜야겠다고 마음먹고 있었어요. 그러던 중에 원장님이 축구반을 모집한다고 하니까 우리 애도 시키겠다고 신청한 거죠. 그런데 공교롭게도 신청한 아이들이 다 남자애들이고 우리 애만 여자였어요.

박혜연   신청한 아이들은 모두 몇 명이었어요?

문공주   축구반은 여덟 명이 정원인데, 처음엔 정원 미달이었어요. 생각해보면 원장님이 우리 애를 받아준 건 인원이 부족해서였던 것 같아요. 유치원 정규 시간이 끝나고 축구 학원에서 애들을 데려가서 수업하는 건데, 그런 방식으로 축구반을 운영하려면 최소 인원수가 차야 하거든요.

여자아이들의 운동하기

박혜연 유치원에서 왜 갑자기 방과 후 축구반을 만든 걸까요?

문공주 엄마들이 요청하기도 했고 다른 유치원들도 그런 활동을 하니까요. 축구를 시키고 싶은데 애들이 어리니까 축구 학원에 가서 낯선 애들하고 시키기는 어렵고, 같은 유치원에서 지내는 친구들하고 함께할 수 있는 기회를 만들어 주는 거죠. 한번 축구팀을 만들어서 다섯 살, 여섯 살, 이렇게 자라면서 쭉 같이 올라가면 학원 입장에서도 좋고 엄마들도 좋으니까요. 그런데 인원이 안 찬 상태에서 우리 애가 신청했으니 애까지 넣어준 것 같아요. 지금은 정원 여덟 명이 다 차서, 5세 반 남자아이들 14명 중 절반이 축구반이고요. 여자아이들 14명 중에선 우리 소망이만 축구반이에요. 어쨌든 소망이는 아무 생각 없이 잘 다니고 있었어요. 즐거워하고요. 그랬는데, 어느 날 갑자기 원장님이 여자 체육반을 만들었다는 거예요. 축구반 시작하고 한 3개월쯤 되었을 때였나 봐요. 여자애들을 따로 모아서 생활 체육을 한대요.

박혜연 여자애들끼리 따로 체육 활동을 시키겠다는 거네요?

문공주 네, 여자애들 모아서 달리기도 하고 여러 구기 활동도

하고요. 그러니까 소망이더러 그 반으로 옮겨서 여자애들이랑 체육 활동을 하라는 거죠. 축구반에 3개월 동안 적응해서 잘 다니는 애를 말이죠. 저는 워낙 애한테 질문을 많이 하는 엄마예요. 애한테 축구를 계속하고 싶은지 물어봤죠. 더 다니고 싶다고, 재미있다고 해요. 축구 하는 날은 아침부터 스스로 막 옷도 챙기고 하니까, 나름대로 자기 의사는 표현한 거라고 봤어요. 애는 하고 싶어 하는데 원장님이 여자 반으로 옮기라고 하는 상황이니, 전화를 드렸죠. 원장님은 애매하게 말을 돌리면서 정확하게 이유를 얘기하지는 않고, 남자애들만 있는데 여자애 혼자 다니게 하는 거 걱정되지 않느냐고 했어요. 이건 제가 정말 싫어하는 의사소통 방식이에요.

박혜연   뭔가를 요구하면서 이유를 명확하게 말해주지 않고, 상대방이 자기 자신한테서 문제점을 찾게 하거나 불안감을 불러일으키는 방식 말이죠?

문공주   실은 남자애들이 더 들어오고 싶어 하니까 비켜주라는 것 같았어요. 애들이 처음에는 어려서 축구반 신청을 안 했는데, 크니까 남아 엄마 중 축구를 시키고 싶어 하는 엄마들이 생긴 거예요. 원장님은 당연히 소망이가 여자애니까 여자반으로 옮길 거라고 생각하고선, 엄마들한테 한 명 자리가 날 거라고 이미 얘기를 한 모양이에요. 근데 그게 나로서는 납득할 만한 이유가 되지 않는다는 거죠. 남자, 여자를 갈라서 소망이를 축구반에서 뺄 이유가 나한테는 없었는데, 원장님은 당연히 그럴 거라 생각했고, 그걸 자꾸 돌려 말하면서 문제가 생기면 어떻게 하냐고 하고, 그래서 정확히 우려하시는 바가 무엇이냐 질문하면 뾰족한 답이 없고요. 그냥 우려된다는 말뿐인데 저는 딱히 우려되지 않았어요. 축구 학원 선생님도 아이들 간에 체력 차이가 있는 것도 아니고 별 문제없다고 하셨고요. 그래서 그냥 보내겠다고 했더니 원장님이 '6세에는 남자애들은 남자애들끼리 여자애들은 여자애들끼리 하는 것이 원칙이니, 그때부터는 안 된다' 이렇게 정해서 통보한 거죠. 이제 그 얘기를 아이한테 해야 하는데 어떻게 해야 하나 고민이에요.

아이는 실은 전보다 지금 훨씬 더 축구를 좋아해요. 이렇게까지 물어봤어요. '다 남자애고 혼자 여잔데 괜찮으냐.' 그런데 자기는 괜찮대요. 자기는 여자애들하고 체육 가고 싶지 않대요. 남자애들하고 가고 싶대요. 선생님을 좋아하는 것 같기도 하고 축구도 재미있어하고요.

박혜연   아이한테는 이미 축구반 활동이 루틴이 되었고, 그 안에서 즐거움을 찾은 거네요?

문공주   자기가 축구를 한다는 것에 관한 생각이 생겼어요. 말할 때 '누구누구는 축구를 하고 누구는 안 해.' 이렇게 얘기해요. '우리는 축구를 같이 하는 팀' 이런 생각이 있는 거예요. 그리고 내가 아이를 축구를 보내고 싶었던 것도 바로 이런 이유 때문이었어요. 여자아이로 태어난 우리는 그런 운동을 해보지 않았잖아요. '우리는 축구 하는 애들이야. 쟤네는 우리랑 싸우는 팀이야.' **경쟁으로서의 의미가 아니라 공동체, 협력의 의미를 남자애들은 다섯 살 때부터 같은 옷 맞춰 입고 몸으로 익혀나가잖아요. 싸우기도 하고, 같이 좋아하고, 밀치고, 부딪히고 하면서요.** 그런데 어른들이, 여자아이들이 밀치고 부딪히고 하는 것에는 너무 예민한 것 같아요. 여자애니까 부딪히면 안 된대요. 아니, 일생토록 한 번도 안 부딪히고 어떻게 살아요? 남자애는 그럼 부딪혀도 되는 이유가 있나요? 뼈가 더 단단한가요? 그럼 뼈가 얼마나 단단한지를 기준으로 삼아야겠죠? 소망이보다 작은 남자애들도 있거든요. 혹시라도 어딘가 부딪히면 소망이보다 걔가 더 넘어질 거예요. 소망이는 일생 부딪히지 않고 살아야 하냐고요. 그런 게 싫어요. 그런데 이런 얘기를 자꾸 하면 저만 이상한 엄마가 되는 거죠.

박혜연 지금 우리가 하는 얘기는 저번에 했던 것보다 훨씬 더 깊고 핵심적인 이야기네요. 우리가 이런 이야기를 '어제 무슨 일이 있었나' 하는 가벼운 대화로 나눌 때는 이런 핵심적인 내용이 빠지니까, 그저 '우리 애가 축구 좋아해서 축구반 하는데, 선생님이 이제 여자애라서 뺀대' '어머 속상하겠다' 그냥 이렇게만 이야기하고 끝날 수도 있었을 텐데요. 사실 그 표면적인 이야기 뒤에 깊숙이 감춰져 있는 역사와 맥락이 있는 거죠.

문공주 사실 이 일에는 제 경험과 결핍이 투영되고 있긴 해요. 애 의견보다도요. '왜 어린 시절의 나에게 그런 경험을 주지 않았나' 하는 생각이 투영되어서 좀 화가 나기도 하고요. '내가 어릴 때부터 부딪히고 살았다면 어땠을까' 하는 아쉬움과 후회와 원망, 여러 고민들이요. '내

가 어려서부터 럭비 같은 걸 배우거나 할 수 있었다면 사람

들이 있어도 치고 나갈 엄두를 낼 수 있지 않았을까…….'

역시나 그랬습니다. 소망이 엄마의 이야기는 개인적이면서도 개인적이지만은 않은 이야기였어요. 우리는 양육자들의 성찰과 고민에도 불구하고 아직 여자아이들에게 축구를 시키기 어려운 환경과 그로 인한 안타까운 마음을 조금 더 이야기했습니다. 그리고 대화의 주제는 우리가 어른이 되도록 개인적인 문제로 끌어안고 살던 자신의 한계나 취약점을 사회구조적인 문제 속에서 재발견하게 되는 경험들로 이어졌습니다.

움직이지 않는
여자아이들

생각해보면 여자아이들은 공을 가지고 하는 운동이나 팀을 이루어서 하는 놀이를 할 기회가 정말 별로 없습니다. 저의 학창 시절을 생각해보면 기껏해야 발야구, 피구, 소프트볼 정도를 접할 수 있었는데요. 발야구와 소프트볼은 개인적인 기량이 필요해서 공을 잘 다루지 못하는 학생은 함께 어울려서 뛰는 데 한계가 있었죠. 저를 포함한 많은 여학생이 결국엔 최소한의 참여 후 앉아서 응원하거나 지켜보는 역할을 해야 했어요. 그나마 모두가 참여할 수 있는 종목이 피구였는데, 그래서였는지 초등학교 체육 시간에 피구를 자주 했던 기억이 납니다. 그런데 피구라는 구기 종목은 그 특성상 경기 중 공을 점유하는 것이 목적인 운동이 아닙니다. 잘 피해서 살아남는 것이 중요하죠. 물론 사람을 정확하게 겨냥해 세게 던져 맞혀야 하는 운동이기도 하지만, 공은 몇몇 학생들에게만 주어집니다. 공을 잘 다루는 몇에 속하지 않으면 늘 피해야 하는 입장에 처합니다. 즉 초등학교 때 여학생들이 그나마 자주 접하는 구기 종목인 피구는, 공으로 사람을 직접 공격하거나 남의 공격을 피해야 하는 운동이라는 거죠. 반면 축구나 야구는 공을 점유해서 '골'이나 '런'을 위해 차고 던지는 운동입니다. 그러기 위해서는 팀원들과 협력해야 하죠. 여학생들은 이런 경험을 해보지 못한 채 피구만 하다가 공을 무서워하게 된다는 현실이 너무나 안타깝습니다.

이렇게 여자아이들이 어릴 때부터 팀워크가 필요한 종목에 접근하기 어렵고 공을 잘 다루는 법을 배우지 못해서 운동에 재미를 느끼지 못하는 탓일까요. 우리나라 여자아이들은 전반적인 신체 활동이 남자아이들보다 훨씬 저조합니다. 운동하지 않을 뿐 아니라 몸 자체를 잘 움직이지 않아요.

실제로 여학생들의 운동량 부족은 심각한 수준입니다. 청소년 건강 행태 조사 결과를 한번 살펴보겠습니다. '청소년 건강 행태 조사'는 2005년부터 질병관리청이 국민 건강 문제를 예방하고 해결하기 위해 장기적 안목으로 진행하는 연구 조사 사업 중 하나입니다. 중학교 1학년부터 고등학교 3학년까지의 청소년들에게 여러 가지 생활 습관과 건강 수준을 묻고 그 자료를 분석하죠. 그 결과를 보면 여성 청소년들의 건강 문제에 있어서 놀랍고도 걱정되는 사실을 확인할 수 있습니다.

우선 근력 강화 운동 실천율의 성별 차이를 볼까요? 조사에서 학생들에게 "최근 7일 동안 팔굽혀펴기, 윗몸일으키기, 역기 들기, 아령, 철봉, 평행봉 같은 근력 강화 운동을 며칠이나 했는지" 물었습니다. 그 결과, 주 3일 이상 근력 강화 운동을 한 학생들의 비율은 지난 십여 년간 일관적으로 여학생이 남학생보다 매우 낮았습니다.(그림 1) 가장 최근에 진행한 2023년 조사에서는 남학생 중 38.5퍼센트 이상은 주 3회 이상 근력 강화 운동을 하고 있다고 답한 것에 비해, 여학생들은 고작 11.7퍼센트 정도가 그렇게 하고 있다고 답했어요. 더욱 인상적인 것은 남학생들은 중학생과 고등학생의 근력 강화 운동 비율에 거의 차이가 나지 않는데 반해, 여학생은 중학교에서 고등학교로 진학하면 가뜩이나 저조한 근력 강화 운동 실천율이 더욱 낮아진다는 사실입니다. 근력 운동을 3일 이상 하는 경우가 여중생은 13.9퍼센트인 것에 비해, 여고생은 10.1퍼센트에 불과했어요.

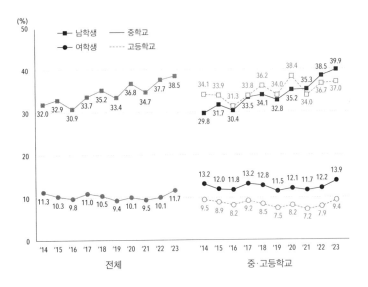

[그림 1] 청소년기 근력 강화 운동 실천율의 성차
(2014~2023년 청소년 건강 행태 조사 결과)

성차가 크게 나타나는 영역은 근력 강화 운동만이 아니었습니다. 여학생들은 "최근 7일 동안 심장박동이 평소보다 증가하거나 숨이 찰 정도의 신체 활동을 하루 총합 60분 이상 한 날이 며칠인가"라는 질문에도, 지난 십여 년간 일관적으로 남학생들보다 답변 수준이 저조했습니다. 숨이 찰 정도의 신체 활동이라고 하면 빨리 걷기나 계단 오르기 정도일 텐데요. 그걸 한 번에도 아니고 아침저녁으로 모두 합쳐

여자아이들의 운동하기

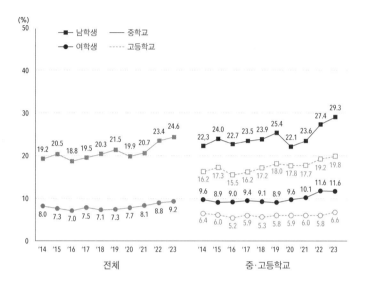

〔그림 2〕 **청소년기 일상적 신체 활동의 성차**
(2014~2023년 청소년 건강 행태 조사 결과)

서 60분 이상 한 날이 5일 이상인 사람의 비율이, 여학생은 9.2퍼센트밖에 되질 않았습니다. 남학생 중 24.6퍼센트가 그렇다고 답한 것에 비하면 심각하게 낮은 비율입니다.(그림 2)

제 주변 중년 여성들을 만나면 한결같이 아쉬운 마음을 담아 얘기합니다. 운동의 중요성을 조금 더 일찍 알았더라면, 어릴 때 그게 무엇이든 어떤 운동이라도 했더라면 좋았을 것 같다고요. 어릴 때는 운동을 싫어하는 사람인 줄 알았는데 그렇지도 않더라는 말도 꼭 덧붙입니다. 그렇다면 여학생들은 왜 점점 운동에서 멀어지는 걸까요? 우리 사회가 대학을 서열화해온 것이나, 공교육이 입시 준비 위주로 진행되는 것 등 사회구조적인 문제가 아무래도 가장 큰 요인일 수 있겠습니다. 공부에 전념하다 보면 운동할 시간이 절대적으로 부족하기 마련이죠. 그런데 왜 여학생들이 유독 남학생들보다 운동을 하지 않고 심지어 싫어하기까지 할까요?

여자아이들이
운동하지 않는 이유

　　여학생들은 우선 몸을 크게 움직이는 게 불편합니다. 월경과 함께 이차성징이 시작되면 여자아이들은 다리를 벌리거나 뛰는 것을 힘들어합니다. 허벅지, 가슴, 엉덩이에 지방 세포가 늘어나면서 몸이 전과 달리 가볍게 느껴지지 않기 때문입니다. 그런데다 한 달의 절반 정도는 몸 상태가 '정상 수준'에서 벗어나 있습니다. 월경 전 증후군이 심한 아이들은 월경 전 일주일간 일련의 심리적·신체적 증상에 시달리는데, 증상이 심각하지 않은 아이들도 몸이 무겁고 묵직한 느낌, 복부나 허리의 통증, 미세한 기분 변화를 겪습니다. 그러다 월경이 시작되면 월경통이 생기는 데다 월경혈이 흘러나오니 옷에 묻을까 신경 쓰느라 움직이기 더 버거워지죠. 이렇게 월경 주기에 휘둘려 지내다 보면, 자기 몸 상태를 스스로 조절하기 어려워집니다. 운동할 마음을 먹기가 쉽지 않죠.

여학생들이 몸을 크게 움직이는 활동에 불편함을 느끼는 건 컨디션 때문만은 아닙니다. 사람들의 시선을 견디기가 만만치 않은 것도 큰 이유예요. 남녀공학 중학교를 졸업한 여성들의 이야기를 들어보면, 체육 시간이나 체육대회 때 달리기했던 기억을 떠올리며 고개를 절레절레 흔듭니다. 남학생들의 시선이 불편했다고요. 시선이 불편했다는 말은 순화한 표현이에요. 실은 성희롱을 견뎌야 했던 경우가 많았습니다. 달리기하는 여학생의 가슴을 노골적으로 쳐다보는 일부터 여럿이서 쑥덕거리며 성적 농담을 하거나 별명을 붙이고 놀리는 행동들까지. 십 대 여자아이들은 외모에 관심이 많은 만큼 피드백에도 민감한데, 하물며 성희롱을 무릅쓰면서까지 사람들 앞에서 힘껏 달리고 던지고 구르고 할 수 있을까요? 아무도 없는 곳에서 아무도 지나다니지 않는 것이 확실할 때 혼자 하지 않는 이상, 숨차게 뛰고 평소와 다른 방식으로 팔다리를 움직이는 것은 사람들 앞에 자기 몸매를 드러내는 일이자 평가당하는 일이 되는데요.

게다가 여학생들에게는 운동장이 주어지지 않습니다. 저

희 집 근처에는 중학교가 하나 있습니다. 점심시간이 되면 아이들이 금방 밥을 먹고 나와서 어느새 뛰어다닙니다. 그런데 살펴보면 운동장을 가로질러 뛰어다니는 아이들은 언제나 남학생들입니다. 축구공을 차고, 농구를 하죠. 그 중학교는 남녀공학인데요. 여학생들은 주로 운동장 주변에 모여서 있거나 걷거나 할 뿐, 뛰어노는 모습을 볼 수 없습니다. 운동장은 남학생들의 공간이니까요.

젠더 발달 과정 중 청소년기는 성역할 고정관념이 학습되면서 남성과 여성의 무리가 각각 분리되는 성 강화 현상이 가장 심해지는 단계입니다. 남녀가 각자 성의 전형적인 모습을 추구하며 해당 모습에서 벗어나는 일을 금기시하는 때죠. 크게 움직이고 강하게 주장하는 힘찬 모습은 성역할 고정관념상 남성의 전형성입니다. 반면 여성의 전형성은 관계를 중시하고 조용히 움직이며 감정에 민감하게 반응하는 것으로 여겨지죠. 청소년들은 대체로 그걸 적극적으로 따릅니다. 넓은 운동장을 뛰어다니는 것이 자연스레 남학생들의 몫이니, 여학생들에게 주어지는 장소는 그 주변이나 통로겠죠.

그런데 우리가 살아가는 모습을 보면 장소를 넓게 쓰는 사람일수록 사회적 영향력이 크다는 것을 알 수 있습니다. 즉 사회적 권력은 장소 사용과도 관련 있어서, 권력이 있는 사람이 더 넓은 장소를 점유하죠. 회사에서 일반 직원보다 임원이, 임원보다 사장이 큰 공간을 쓰는 것이 대표적인 예입니다. 시간만 나면 너른 운동장을 점유하는 남학생들과 비교하면, 그 주변을 서성이는 정도로 좁은 장소만 점유하는 여학생들은 아마도 그보다 더 넓은 공간을 사용하고 그만큼의 영향력을 행사할 수 있다는 가능성을 당분간 생각조차 하지 못할 겁니다.

사회가 마르고 여리여리한 체형을 선호하는 것도 여자아이들이 운동과 멀어지는 이유가 되겠습니다. 군살이 없어야 하는데 근육이 많아도 안 됩니다. 종아리에서 발목으로 흐르는 선이 가늘어야 하니 종아리 근육이 없어야 하고, 허벅지 사이에는 어느 정도 공간이 있어야 합니다. 그러니 여자아이들은 다이어트라는 말을 달고 살며 걸핏하면 굶거나 폭식을 번갈아 하는 등 식사 양상에 변동이 심합니다. 유튜브 영상 속 '허벅지 돌려 깎기'를 따라 하며 운동을 시도하는 때도 있지만, 그마저도 무조건 절식하는 다이어트보다는 순위가 뒤로 밀리죠. 꾸준한 운동은 안정적인 식생활이 뒷받침되어야 하는데, 어느 날은 폭식으로 속이 안 좋고, 어느 날은 과도한 절식으로 어지러우니 운동을 유지하기란 쉽지 않습니다. 결국 영양을 갖춘 식사와 적당한 운동으로 연결

되는 건강한 습관을 얻지 못하고, 자기 몸을 통제할 힘을 잃게 됩니다. 이 일들이 남의 집 일, 남의 일처럼 느껴진다면 큰 착각일 수 있습니다. 한국 사회 수많은 중고등학생 여자아이들이 지금 이 시간에도 겪는 어려움이니까요.

이처럼 여러 이유로 여학생들은 점점 운동에서 멀어집니다. 현재로서는 어쩌면 너무나 당연하고 자연스러운 현상처럼 보일 정도입니다. 성적 발달이 시작되고 진행되면서 몸을 크게 움직이는 것이 불편해지고, 신체활동을 하면 주변의 시선에 노출되어 성희롱의 대상이 되기 일쑤이며, 운동장이라는 공간을 자유롭게 소유하지 못하고, 마른 몸매를 유지하기 위해 굶어가며 애를 쓰는 과정에서 체력이 나빠지니까요. 악순환이 이루어지는 거죠.

여학생 체육 수업,
어떻게 해야 할까

그렇다면 아무래도 공교육에서 여학생들의 체육 활동을 어떻게든 격려하는 노력이 필요할 거란 생각이 듭니다. 아이들이 가장 시간을 많이 보내는 곳이 학교고, 체육 또한 공교육 교과목에 해당하니까요. 특히 초등학교는 십 대 이전의 어린이부터 이차성징이 나타나는 십 대 어린이들까지 비교적 성차 없이 체육 활동을 진행할 수 있는 곳이죠. 초등학교 교사 박수진 선생님을 만나 이야기를 나누어보았습니다. 박수진 선생님은 서울에 소재한 B 초등학교에서 6학년 담임교사를 맡고 계신데요. 체육 교육을 전공한 분이라, 특별히 아이들 체육 교육에 관심과 노력을 쏟고 계십니다.*

박혜연   여자아이들은 아무래도 남자아이들보다 체육 활동에 소극적이고 운동하기 싫어하는 경향이 있는데요. 요즘 학교에서 만나는 초등학생들은 어떤가요?

박수진   네, 아무래도 여학생들이 남학생들보다는 덜 적극적인 편이라, 체육 수업을 할 때는 모두가 함께 참여할 수 있도록 최대한 격려해가면서 진행해야 해요. 그래도 요즘은 여학생들이 예전보다는 적극적인 편이에요. 전반적으로 여자아이들이 자기표현과 주장이 강해져서 체육 시간에도 그런 것 같아요. 양성평등 이야기도 많이 하고, 피구 같은 활동을 할 때 여학생들이 남학생들한테 '왜 너네만 하려고 해' 따지면서 참여하기도 하고요. 게다가 체육 시간은 노는 시간이라고 생각해서, 활동적이고 재미있는 것을 원하는 아이들이 많아요. 오히려 체육 활동을 중요하게 생각하고 즐거워하기도 하죠. 요즘 아이들은 신체활동 시간이 별로 없고 공부를 많이 하고 있어서 그런 것 같아요.

박혜연   요즘은 전보다 여학생들도 체육 활동에 적극적인 편

---

*   인터뷰 내용에 학교 내부 사정과 개인 정보가 담겨 있어 가명을 사용했다.

이라고 하셨는데, 여학생들이 남학생들처럼 체육 활동을 주도적으로 하고 있다는 말씀일까요?

박수진 주도적으로는 안 되죠. 신체 능력이 다르니까요. 물론 저학년 학생들은 신체 능력에서 성차가 별로 나타나지 않습니다. 저학년 때는 체육 활동에 성별 차이보다는 성격 차이가 더 크게 나타나는 것 같아요. 그러다가 고학년부터는 5학년만 돼도 성차가 드러나요. 확실히 다릅니다. 한 4학년 2학기쯤부터 여학생 중 운동장 체육 활동에 적극적으로 참여하지 않는 학생들이 눈에 띄기 시작해요. 외모에 관심이 많은 여학생은 땀을 흘리거나 외모가 흐트러지는 것에도 신경을 쓰다 보니 그것도 체육 활동을 꺼리는 이유가 되고요.

박혜연 체육은 다른 과목과 달리 몸으로 수업에 참여해야 하는데 개인별 능력 차도 커서, 관심 없는 아이들을 참여하도록 독려하는 것이 교사로서는 굉장히 어려운 일 일 것 같네요. 다른 과목처럼 가만히 앉아서 하는 것이 아니니까요.

박수진 맞습니다. 관심 없는 아이들은 아예 활동을 안 해버리니까요. 특히 여학생들은 아프다고 앉아 있겠다거나 생리한다면서 피하는 경우가 있어요. 부모님이 그냥 쉽게 해달라고 먼저 요청하기도 하고요. 요즘엔 교사 개인에게 책임을 묻는 상황이 많아져서 교사들이 '생리 하니까 체육 활동에서 빼달라'고 요구하는 아이가 있을 때, 아이의 상태를 면밀히 살펴보고 아이한테 맞는 체육 활동을 찾아서 독려하기보다는 그냥 요구에 따라주는 편이에요. 그런데 그런 경우도 담임교사가 하기 나름인 부분이 있어요. 적극적으로 개입해서 참여시키거나 학생마다 개별적인 상태나 상황을 고려해서 대처할 필요가 있죠. 그런데 이렇게 하는 교사는 정말 흔치 않아요. 저도 체육 전공이라 체육 교육의 중요성을 아니까 그렇게 하는 거지, 체육 수업 외에도 신경 써야 하는 것이 많은데 모든 교사에게 기대하기 힘든 일이긴 하죠.

결국 초등 교육은 전적으로 담임교사에게 달려 있어요. 그렇다 보니, 체육 활동에 관심 있는 선생님들의 개별적 노력 여부에 의해 체육 활동에 큰 차이가 나게 마련이죠. 그리고 체육 교육에 관심 있는 선생님들이라고 해도, 전반적인 초등 체육에 관심이 있을 뿐 '여학생' 체육 교육엔 큰 관심이 없을 수도 있고요.

박혜연 그렇다면 현재 상황에서 초등 여학생 체육 교육에서 구체적으로 무엇을 보완해야 할까요?

박수진 가정에서 자녀의 성장을 위해 체육 활동이 중요하다는 점을 인식하고, 아이에게도 그런 부분을 알려주시는 것이 필요해요. 그리고 담임교사의 역할이 중요하죠. 초등학교에서는 담임교사가 체육 수업을 어떻게 생각하는지, 얼마나 관심을 쏟는지에 따라 여학생 체육 교육이 달라질 수 있거든요.

때에 따라서는 체육 전담 강사를 써야 한다고 생각해요. 물론 초등교사들이 모여서 고민하면 아이디어는 많이 나올 수 있겠지만 체육 활동을 어떻게 진행해야 하는지 시범을 직접 보여줄 수 없는 분들도 있으니까 체육 강사가 와서 해주면 도움이 많이 됩니다. 주로 시범과 실기 수업 위주로 진행되는 예체능 과목은 전문 선생님이 있으면 보다 나은 교육이 가능하다고 생각합니다. 저희 학교는 구청에서 체육 수업을 지원받고 있는데요. 이런 지원을 받으려면 체육 수업을 어떻게 진행하겠다는 내용을 담은 수업 계획서를 미리 준비해서 내야 합니다. 그게 채택되면, 협력 강사를 지원받고요. 사전 계획에 따라 담임교사와 협력 강사가 함께 수업을 진행함으로써 수업의 질을 높일 수 있어요.

다만 지역 교육청마다 체육 강사 채용이 가능한 곳
이 있고 그렇지 않은 곳이 있어요. 몇 년 전에 서울에
서 초등학교에 스포츠 강사를 100퍼센트 배치하겠다
는 계획을 발표한 적이 있는데, 지금은 실현되지 않고
있고요. 오히려 스포츠 강사를 보유하는 학교의 비율
이 낮아지고 있죠. 스포츠 강사도 요즘은 새로 뽑지 않
고 기존의 강사 풀에서 선별, 활용하는 실정입니다.

그리고 체육 수업을 지원하는 수준도 학교마다도
다릅니다. 예를 들어, 학교가 매년 어떤 활동을 주력
사업으로 삼느냐에 따라서 스포츠 강사 지원 여부가
다를 수 있어요. 해당 학교에서 교장이 어떤 활동에 관
심이 많은지, 각 학급의 담임교사가 체육 교육에 어떤
생각이 있는지에 따라서도 아이들의 체육 활동에 차
이가 클 수밖에 없습니다.

박혜연 초등 체육 수업에 대한 적극적인 행정적 지원과 사회
적 인식의 개선, 정말 중요한 말씀인 것 같습니다. 실
제로 학교 현장에서 여학생 체육 교육을 두고 고민하
시는 선생님들이 계실 텐데요. 고학년 여학생들의 체

육 교육으로 고민하는 교사가 조언을 구한다면 어떤
이야기를 들려주시겠어요?

박수진 고학년이 되면 신체 활동 면에서 아무래도 여학생이
남학생을 따라갈 수가 없거든요. 저는 그래서 때에 따
라 체육 활동을 따로 시켜요. 여학생과 남학생을 분리
해서 시키는 거죠. 그래야 여학생들이 적극적으로 몸
을 움직이고 참여하니까요. 학급 인원수가 적으면 축
구나 피구 같은 구기 종목은 옆 반과 같이 합쳐서 하
기도 하고요.

예를 들어, 6학년 남녀 학생을 같이 피구 경기를 시
켜보면 성차가 커요. 또 남녀를 섞어서 하면 남자애들
이 잘 흥분하고 화를 내니, 여자애들이 그런 지적을 받
으면서 점차 안 하게 되죠. 그런데 여학생들끼리 하게
하면, 네트를 건너 공을 주고받는 활동을 하거나 축구
를 해도 되게 좋아해요. 여자애들끼리는 실수하거나
잘 못 해도 서로 "아, 괜찮아~" 하면서 해요. 그래서 경
쟁이 심한 활동을 할 때는 남녀 따로 하게 하는 게 좋
아요. 여자애들끼리만 시키면 잘 하고, 즐거운 활동이
되거든요. 남학생과 여학생이 공을 가지고 하는 운동
을 같이할 수밖에 없을 때는 여자 공 따로 남자 공 따

로 주고, 남학생은 남자 공만 차고 여학생은 여자 공만 차라고 해요. 그럼, 다 같이 뛰는 거예요. 운동장을 모두 함께 쓰는 거죠.

이렇게 **고학년부터는 활동에 따라 남학생과 여학생을 따로 활동하게 하는 것도 여학생들이 적극적으로 체육 활동에 참여할 수 있게 하는 방법**이라고 생각해요. 우선 '얼음 땡' 같이 간단하지만 즐겁고 가벼운 활동부터 하라고 권하고 싶어요. 아이들에게 각자 잘하는 걸 확인시키고 흥미를 끌어올리는 일이 필요하거든요. 게임을 하더라도 방법을 잘 이해하지 못할 수 있으니 규칙이 쉬운 걸로 시작해서 잘 마치게 함으로써 스스로 만족감을 느끼게 하는 게 중요해요. 재미를 위해 게임을 활용할 때는 40분 수업 중 5분 정도가 적당한 것 같아요.

체육 활동의 목표도 중요해요. 공을 잘 던지게 할 것인가, 아니면 여러 번 던지게 할 것인가, 무엇을 우선순위에 둘 것인지의 문제죠. 그런데 초등 체육 교육의 목적은 엘리트 체육이 아니니까, 활동을 많이 하도록 하는 것 자체가 목표가 되어야 한다고 생각합니다.

체육 교육을 전공한 현직 초등교사의 이야기에서 다른

곳에서는 쉽게 접하기 어려운 중요한 지점을 짚어볼 수 있었습니다. 고학년이 될수록 신체 활동에서 남녀 차이가 두드러지는데, 그 간격을 없는 것으로 여기거나 좁히려들기보다는 각자의 특성에 맞게 분리 교육해야 한다는 것이나, 담임교사 위주로 진행되는 초등 교육의 특성상 체육 수업만큼은 전담 강사를 지원해야 한다는 것, 체육 활동의 중요성을 간과하지 않도록 사회적 인식을 개선하고 체육 교육의 목표를 아이들의 건강한 발달에 맞춰 재고 및 조정해야 한다는 것 등 귀담아들어야 할 이야기가 많았습니다. 여학생 체육 교육을 위해 현 초등 교육 영역에서 유념할 문제나 시도해야 할 방법들을 잘 정리해볼 수 있었던 것 같습니다. 특히나 여학생들이 남학생들과 운동장을 공평하게 나누어 함께 점유할 수 있도록, 학교와 교사가 반드시 체육 수업을 통해 노력하는 것이 정말 중요하겠다는 생각이 드네요. 초등학교에서 이런 배려를 경험한다면, 여자아이들도 성인으로 자라면서 좀 더 자신 있고 적극적인 태도로 체육 활동을 이어나갈 수 있겠죠.

여자아이들의 운동하기

운동할
방법

필라테스의 토착화

학령기 여자아이들이 운동하는 패턴을 살펴보면, 초등학교 저학년에는 수영이나 태권도, 음악 줄넘기를 하다가 고학년이 되면서 초경이 시작되는 시기에 대부분 그만둡니다. 이후에 방송 댄스를 하거나 학교 내 체육 활동만 참여하다가, 중학교에 입학하죠. 중학교와 고등학교에 다니는 시기에는 일부 운동에 관심이 있는 아이들을 제외하면 학교 밖에서 따로 운동하지 않습니다. 그러다 체중이 늘면 다이어트를 하고, 목이나 어깨, 허리가 아프면 병원에 가거나 방학 기간을 이용해서 필라테스 스튜디오에 등록합니다.

2000년대 초반 우리나라에 들어온 필라테스는 그 수요가 최근 몇 년 동안 엄청나게 증가했습니다. 2023년 2월에 업데이트된 민간 자격 정보 서비스에 의하면 2008년에 필라테스 지도자 민간 자격증이 1개였다가 2023년에는 무려 1,088개로 기하급수적으로 증가했습니다. 민간 자격 등록의 증가는 필라테스 스튜디오 증가로 연결되었을 텐데요. 신한카드 빅데이터연구소에 따르면, 2019년 1분기부터 2022년 1분기까지의 신규 가맹점명을 분석한 결과 '필라테스'가 들어간 상호가 급증했다고 합니다. 구체적으로는 상호에 '필라테스'가 포함된 신규 창업 가맹점이 2019년에는 35위였는데, 2022년엔 무려 14위로 급상승했다는 거예요. 코로나19 팬데믹을 거치며 건강관리와 거리 두기를 함께 신경을 써야 했기 때문에 개별 수업이나 소규모 운동을 주로 하는 필라테스 스튜디오가 많아진 게 아닐까 싶은데요. 한편 '필라테스'라는 운동이 유독 우리나라에서 이토록 인기 있는 것이 새삼 이상하기도 합니다.

필라테스는 독일인 요제프 필라테스(Joseph Pilates)가 고안한 운동법으로 '콘트롤로지(Contrology)'라는 운동법의 다른 이름입니다. 필라테스 사후인 1960년대에 미국에서 '필라테스'라는 이름으로 대중화되었다고 하네요. 주로 몸의 균형을 맞추고 근력을 키움으로써 자세와 체형을 교정하는

데 효과가 있어, 다친 무용수들의 재활에 활용되었다고 하고요. 매트와 기구를 함께 사용하는 것이 특징입니다.

우리나라에서 필라테스 스튜디오가 급격히 증가하고 필라테스를 하는 사람이 늘어난 이유를 살펴볼 때, 아무래도 미디어의 영향을 언급할 수밖에 없을 것 같습니다. 2010년대 중반쯤부터 '관찰 예능' 프로그램이 유행하면서, 연예인들의 일상이 대중들에게 노출되기 시작했습니다. 의도된 연출의 결과라고 하더라도 예능 프로그램에서 조명한 연예인들의 삶은 꽤 큰 영향력을 발휘했죠. 필라테스의 경우도 마찬가지입니다. 날씬한 여자 연예인들이 몸매 관리 목적으로 필라테스를 하는 모습이 관찰 예능 프로그램에서 자주 노출되면서 젊은 여성들이 자연스레 필라테스에 관심을 보였고, 수요도 증가하게 됐습니다. 날씬한 여자 배우나 아이돌 그룹 멤버가 커다란 침대처럼 생긴 필라테스 기구 위에서 유연하게 몸을 젖히거나 스프링 밴드 같은 걸 잡아당겨 근력 운동을 하는 모습은 여성들에게 따라 하고 싶은 생각이 들게 만들었죠.

재미있는 사실은 필라테스에 관한 '서비스 품질' 연구가 꽤 진행되고 있다는 것입니다. 필라테스 스튜디오에서 하는 운동이 '서비스' 성격이 강하기 때문이겠죠. 지도자의 비언어적 커뮤니케이션 능력은 회원의 수업 만족으로 연결되는데, 이런 비언어적 커뮤니케이션에는 회원들에게 보여주는 호응과 제스처뿐 아니라 외모와 태도, 청결, 기구 배치 등이 포함됩니다.[7]

문득 체육 교육을 전공한 초등학교 교사 박수진 선생님과 앞서 진행한 인터뷰 내용이 떠오릅니다. 선생님께서는 고학년 아이들의 경우 체육 활동을 남녀 따로 진행하는 것이 바람직하다고 보셨는데요. 남자아이들은 축구와 같은 경기를 할 때 누군가 실수를 하면 화를 내거나 지적을 하는 편인데, 그런 지적에 여학생들이 위축되어서 자신 있게 공을 다루지 못하는 걸 자주 목격해왔기 때문이라고 하셨어요. 필라테스는 보통 개인 수업이나 6인 이하의 소규모 수업으로 진행되고 주로 여성 지도자들이 운영하며 회원들도 여성인 경우가 많습니다. 비교적 공개적이지 않은 장소에서 수업이 이루어지니, 운동하는 환경이 안전한 편입니다. 잘 못해도 눈치가 보이거나 욕을 먹을 일이 없죠. 수업 중 지도자의 언어적, 비언어적 커뮤니케이션이 수업 만족과 재등록으로 이어질 테니 아무래도 보호받거나 대접받는 기분으로 편안하게 운동할 가능성이 높아집니다. 미디어의 효과를 감안하더라도 필라테스가 여성들에게 특별히 인기를 끄는 이유를 충분히 납득할 수 있는 대목입니다.

문제는 필라테스가 날씬해지기 위한 운동, 아름다워지기 위한 운동의 대명사로 자리 잡아가고 있는 현실이에요. 필라테스 홍보 콘텐츠에는 대개 몸이 매우 가느다란 여성이 등장합니다. 가슴이나 엉덩이를 강조하는, 몸에 꼭 맞는 옷을 입은 것은 물론이고요. 운동의 목적이 건강한 삶을 살기보다는 날씬한 몸만들기라면, 그런 목적을 충족시켜주는 운동으로써 많은 여성이 필라테스를 하고 있다면, 필라테스는 오히려 여성의 코르셋을 더욱 조이는 데 일조하는 도구가 될 뿐이겠죠.

제 지인인 필라테스 선생님 얘기로는, 우리나라 사람들은 필라테스를 등록할 때 스튜디오에 기구가 많이 갖춰져 있는지, 기구 운동을 많이 시켜주는지를 묻는다고 합니다. 기구 운동을 선호하고 매트 운동을 싫어한다고요. 커다란 기구를 이용하며, 아름다운 여성 지도자의 상냥한 지도로 진행되는 필라테스는 아무래도 운동의 느낌만이 아니라 관리나 서비스의 느낌도 함께 주는 것 같아요.

최근 증가한 필라테스의 수요가 여성들의 날씬해지기 위한 노력 때문은 아닐지 생각해볼 필요가 있습니다. 이제는 필라테스 또는 콘트롤로지가 본연의 목적에 맞게 여성의 날씬한 몸, 다이어트 같은 것들보다는 건강한 몸, 튼튼한 몸에 초점을 맞추는 다양한 시도를 통해, 여성들이 오랫동안 지속할 수 있는 대중적이고 안전한 운동으로 발전하고 자리 잡아가길 바랍니다.

월경하는 여성의 운동하기

이번 달에는 큰맘 먹고 주 2회 수영 강습을 등록했는데 몇 번 가지 못했습니다. 월경이 시작되기 전 주에는 몸이 그냥 막 처지고 기운이 없어서 가지 못했고요. 월경이 시작되고는 출혈 때문에 가지 못했죠. 삽입형 생리대나 생리컵을 쓰면 된다지만, 몸이 붓고 아랫배에 묵직하게 통증이 있는 데다 출혈량도 많은데 안 쓰던 도구까지 시도까지 하면서 수영장에 갈 마음이 들진 않았어요. 매달 월경 주기마다 조금 컨디션이 처지지만, 이렇게 어떤 달에는 다른 때보다 좀 더 힘들기도 합니다. 중년에 접어들어 월경을 경험할 만큼 경험하고 거의 완경 시점에 가까워진 저도 이러한데, 이제 막 월경을 시작한 아동이나 청소년들은 어떨까요? 뭘 시작해보려 마음을 어렵게 먹었어도 몸 상태와 기분에 기복이 있으니, 유지하기가 쉽지 않습니다. 매달 월경을 겪으면서 운동을 지속하기란 경험해보지 못한 사람이라면 차마 상상

하거나 이해하기 어려운 일일 것입니다.

그럼에도 방법은 있지 않을까요? 여성들은 일상생활에서 어떤 운동을 어떻게 시도하고 지속할 수 있을까요? 이제 월경을 막 시작한 어린 여자아이들과 한참 몸도 마음도 예민한 십 대 청소년들은 어떻게 운동해야 할까요? 이 질문에 답을 찾기 위해, 여성 체육인을 만나 이야기를 들어보았습니다. 우리나라 국가대표 여자야구팀 트레이너를 역임했던 방순진 코치입니다. 우리나라에 국가대표 여자야구팀이 존재한다는 것을 알고 계셨나요? 방순진 코치는 국내 최초의 여성 야구 트레이너로, 우리나라에 여자야구연맹이 창립된 2000년대 후반부터 연맹 소속으로 야구를 하다가 국가대표 여자야구팀이 결성된 해부터 선수로 활동한 여자야구계의 시조새 같은 존재입니다. 세계 여자야구대회에 첫 국가대표 일원으로 출전하여 한일전 선발투수를 맡기도 했습니다. 이후 상비군 생활을 하며 사회인 야구단에서 선수로 뛰다가, 2022년에 국가대표팀 트레이너로 발탁되었죠. 여자야구의 불모지인 우리나라에서 고군분투하며 어떻게든 활동을 이어온 야구인이자, 대학에서 체육 교육을 전공한 체육 교사 방순진 코치에게 여성의 체육 활동이 어떻게 시도되고 유지되어야 하는지 의견을 들어봤습니다.

박혜연 어떻게 해야 여성이 체육 활동을 시작하고, 유지할 수
있을까요?

방순진 아이가 어릴 때부터 노력해야 합니다. 우선 어릴 때는
뛰어놀 수 있는 환경을 계속 만들어주는 것이 필요해
요. 사춘기가 되면 아이가 몸을 안 움직이는 것에 부모
들이 타협하기 시작해요. 근데 '조금 힘들겠지만, 그래
도 이걸 해야 해' 하고 끌고 가며 아이가 자기방어를
할 수 있는 최소한의 운동, 훈련으로 할 수 있는 운동,
이를테면 복싱이나 합기도, 태권도 같은 것들을 계속
하게 하는 게 정말 중요합니다.

여성들만 모여서 운동하는 체육관이나 도장 같은
곳들이 있어요. 그런 델 알아보고 가는 것도 좋죠. 물
론 환경이 안 될 수도 있지만 주변에 찾아보면 요즘에
는 많아졌어요. 방송에서 여자 연예인들이 축구 경기
를 하는 프로그램이 나오고 여자 배구의 인기가 커지
면서 사회 분위기도 많이 바뀌었거든요.

박혜연 아이들이 동네에서 뭐라도 재미있게 하려면 지역별로
생활 체육이 활성화되어서 다양한 활동이 가능해야겠
네요.

여자아이들의 운동하기

방순진 그런데 환경을 조성하는 데는 솔직히 학교의 역할이 커요. 체육은 학원보다 학교가 되게 중요해요. 공교육에서 여학생 체육 활성화 사업을 계속해야 합니다. 외국에서는 학교 교육 과정에서 운동을 어느 정도 해야 인정받을 수 있는 분위기가 형성되어 있습니다. 체육 활동을 통한 '클럽 문화' 속에서 사회성과 경쟁력을 키우게 하는 거죠.

지역별로 생활 체육을 활성화하는 것도 필요합니다. 여성 청소년이 참여할 수 있는 다양한 프로그램을 만들어서 보급해야 해요. 동네마다 사회인 축구단이 하나씩 다 있지만 대부분 남성의 축구단이죠. 농구 골대 주변에서 공을 드리블하는 사람들 역시 모두 남성입니다. 배드민턴이나 테니스 동호회가 많지만, 성인을 대상으로 하니 여자아이들이 마음 놓고 끼어서 운동을 배우고 즐길 수 없고요.

학교에서나 학교 밖에서나 **여자아이들은 팀워크가 필요한 운동을 할 기회가 거의 없어서 몸 쓰기를 통한 시원시원한 소통을 배울 수가 없어요. 팀원의 실수에 대처하는 법, 뛰다가 부딪혀 넘어져도 서로 툭툭 털고 일어나 손잡아 주는 경험 같은 거요.** 우리나라에서는 여자아이들이 이런 스포츠맨십을 배울 기회가 정말 없다는 것은 정말 안타까운 일입니다.

박혜연 그런데 운동하는 시간을 아깝게 여기는 부모도 많잖아요. 입시 공부 때문에요. 입시 공부를 하면서도 남자 아이들은 짬짬이 농구도 하고 공도 차는데, 그저 앉아 있기만 한 여자아이들은 몸이 참 안 좋아질 것이 분명해 보여요. 공부도 체력으로 하는 건데요.

방순진 네, 맞아요. **있는 체력을 대학 입시 공부하는 그 몇 년 동안 다 끌어다 쓰죠.** 그나마 기초 체력 수준이 어느 정도 되는 아이들은 괜찮지만, 그렇지 못한 경우에는 **체력을 다 소진하고 대학에 가서 많이들 아파요.**

반드시 얘기하고 싶은 것은 학부모가 체육 활동의 중요성을 반드시 인식해야 한다는 점이에요. 지금 학교 단위에서 코로나 19 팬데믹 이후 기초학력이 떨어지는 아이들을 도와주는 프로그램들을 진행하고 있거든요. 국어나 수학 같은 과목들을 도와주는 프로그램이 있어요. 그런데 체육 활동에 대해서는 그런 노력을 기울이지 않죠. 사회적 인식이 체육 교육을 덜 중요하게 여기기 때문입니다. 부모들도 체육 활동을 중요하게 생각하지 않는 편이에요. 체육 수업이 있는 날인데 운동화를 안 챙겨주는 경우도 많고요.

아이가 클수록 국·영·수 같은 교과목 중요성을 강조하면서 학원에 보내잖아요. 그러면서 운동 시간을 줄이게 되는데, 공부 시간이 늘어나면서 몸 쓰는 시간이 줄어들어서 아이들이 스트레스 풀 데가 없으니 게임이나 연예인에 빠지는 것 같아요.

일단은 부모가 함께 운동하는 분위기가 조성되는 것이 진짜 중요해요. 부모가 말로만 운동하라고 잔소리하는 게 아니라 같이 해야 합니다. 배드민턴이건 뭐건 공원이나 운동장에서 함께 할 수 있는 걸 하다가, 농구나 배구같이 주변에서 할 수 있는 게 눈에 띄면 거길 보내는 거예요. 그래야 자연스럽게 따라 하지 말로만 하라고 하면 잘 안되더라고요. 특히 사춘기 때는 한계가 있어요.

박혜연 아직 때를 놓치지 않은, 어린 딸을 키우는 부모에게 꼭 해주고 싶은 조언이 있나요? 이건 꼭 시켜라, 이건 꼭 하지 마라 같은 것이요.

방순진 부모가 먼저 운동에 관심이 있어야 해요. 아이가 어릴 때 줄넘기도 시켜보고 공놀이도 시켜보면서 어떤 운동을 할 때 좋아하는지를 파악하고, 재미를 느끼게 하면 돼요. 그런 걸 마침내 찾으면, 본인도 하고 나서 기분이 좋아지니까 계속하게 될 거예요. 부모가 양육자로서 아이한테 휘둘리지 말고 독려하거나 같이 하는 게 중요해요. 몸을 움직이는 것을 쉬지 않게 해야 하는데요. 부모가 함께 하는 게 가장 효과가 좋아요. **아이들 어릴 때 책 읽는 건 같이 하려고 하면서 운동은 왜 함께 하지 않나요.** 독서는 그렇게들 부모가 모범을 보이거나 같이 읽어라, 읽어주라 하면서 왜 체육 활동은 같이 하지 않으려고 하는지, 그게 전 정말 답답해요. 자녀가 체육 활동에 관심을 두고 유지할 수 있도록 특별히 노력을 기울여야 합니다.

박혜연 여자아이들에게 당장 필요한 조언을 한마디해주신다면요?

방순진 "지금 당장 일어나서 나가라"는 말을 하고 싶습니다. 그맘때 여자아이들은 예쁜 게 정말 중요해요. 무조건 예쁜 게 최고죠. 그래서 건강을 위해, 몸의 기능을 향상하기 위해 운동을 하라는 말이 전혀 통할 리가 없어요. 그런데 운동하지 않으면 예뻐질 수 없어요. 예뻐지고 싶으면 지금 당장 운동하라는 메시지를 전하고 싶네요. **지금 당장 일어나서 나가라고, 움직이고 뛰라고요.**

방순진 코치님의 지적과 조언이 매우 날카로우면서도 적절해서, 몇 번이나 저절로 고개를 크게 끄덕이거나 무릎을 탁탁 치며 들었어요. 정리해보면, 여자아이들이 운동과 멀어지지 않게 하기 위해서는 다음과 같이 네 가지가 꼭 필요하다는 내용이었습니다. 첫째, 운동할 수 있는 주변 환경 조성. 둘째, 학생들의 체육 활동에 대한 인식 개선. 셋째, 부모님들이 아이들과 함께하는 노력. 넷째, 아이들의 눈높이에 맞는 동기 부여와 격려. 잘 기억해두어야겠습니다.

4장

성관계를 맺을 자격

20대 여성에게도
성교육이 필요하다

성년의 날을 앞둔 어느 날, 학교 학생회에서 연락이 왔습니다. 성교육 특강을 해달라는 요청이었어요. 학생들이 저에게 성교육 특강을 요청한 이유나 기대하는 점 등을 미처 파악하기 전이라 조금 난감한 마음이 들었습니다. 저에게 성교육 강사는 주로 두 가지 상반된 이미지로 각인되어 있었기 때문입니다. 하나는 몸매가 드러나지 않는 개량한복을 입은 중년의 여자 선생님 이미지고, 다른 하나는 개성 있는 메이크업과 섹시한 옷차림을 한 '센 언니' 이미지입니다.

제가 어릴 때만 해도 '성교육'이라는 것이 별로 없었고, 성인기에 들어선 후에야 대중매체에서 성교육 강연을 가끔

접할 수 있었는데요. 당시 한창 인기 있던 중년의 여자 선생님은 '그래, 너희 나이는 그럴 때다' 또는 '짜식, 나도 다 알아' 하는 듯, 친근한 이모 같은 표정으로 자위나 임신, 피임 같은 것들을 가르쳐주었습니다. 반면 '센 언니' 이미지의 강사나 저널리스트 들은 성관계 맺기에 초점을 맞춰 자신의 성욕을 표현하는 법이나 상대방의 성감대를 효과적으로 자극하는 법, 만족스러운 섹스를 위한 기술 같은 걸 가르쳐주었죠.

저는 능청스러우면서도 친근한 이모 이미지는 아닌 것 같고, 그렇다고 섹시한 언니 노릇을 하는 일에도 맞지 않은 듯싶었습니다. 그렇다면 학생들이 나에게 요구하는 성교육은 어떤 것일지 생각에 잠기려던 찰나, 특강 요청 이메일 중 한 대목이 시선을 사로잡았습니다. 이메일을 쓴 학생은 "성인이라는 관문을 통과한 학생들이 더욱 훌륭한 여성으로, 더욱 훌륭한 성인으로 성장하도록 돕는 것을 취지로" 성년의 날 교양 강연을 준비하고 있다면서, 다음과 같이 썼어요.

✉   _ ⌜ ✕

성에 관한 문제는 언제든 자신의 신체적, 정신적 문제와 귀결됩니다. 이처럼 중요한 사안을 사회에서는 제대로 가르쳐주지 않고 있다고 생각합니다. 학우들이 성에 대한 명확한 정보를 알고 성적 자기 결정권을 올바르게 사용할 수 있도록, 성적인 문제로 인해 고통받는 학우가 없도록 하고자 합니다.

아, 그렇다면 오래 고민할 필요도 없었죠. 바로 특강 요청을 수락하겠다는 메일을 보냈습니다. 평소에 제가 여자대학교에서 20대 여성인 학생들을 만나고 수업하면서 고민하고 걱정하던 내용이 바로 위에서 말한 주제와 깊이 연관되어 있기 때문이었어요. 여성이 성적 존재로서 자신을 있는 그대로 인식하고, 자기 몸과 관련된 건강한 의사 결정을 주체적으로 할 수 있는 성인으로 살기.

성적 자기 결정권이란 우리나라 헌법 제10조 '모든 국민은 인간으로서의 존엄과 가치를 가지며, 행복을 추구할 권리를 가진다'라는 인간의 존엄과 가치 및 행복추구권 관련 조항에서 보장되는 자기 결정권에 포함됩니다. 또한 헌법 제17조의 '모든 국민은 사생활의 비밀과 자유를 침해받지 아니한다'라는 사생활 비밀과 자유에 관한 규정으로도 보장되는 권리입니다. 좁은 의미로는 성적 결정을 스스로 내리고, 그 결정에 따라 자기 책임 하에 상대방을 선택해 성관계를 맺을 권리를 말하죠. 그러나 보다 넓은 의미로는, 개인이 자기 성적 가치관에 따라 성적 행동과 관련된 여러 가지 결정을 스스로 행하고 책임질 권리를 뜻합니다. 마음에 드는 상대와 자율적으로 성행위를 할 권리뿐 아니라 그 누구와도 성행위를 하지 않을 권리, 자신의 성 정체성과 성적 취향을 자율적으로 결정하고 책임질 권리까지 아우르는 개념이라고 볼 수 있습니다.

그런데 우리 사회에서 여성은 성적인 존재로서 자기 자신을 있는 그대로 인식하기가 참 쉽지 않습니다. 누군가를 만나 사랑할 때 그 관계 내에서 주도적으로 성적 의사 결정을 하고 그 결과를 책임지는 방법을 배우기도 참 어렵죠. 이제 막 성인이 된 20대 여성들은 더 이상 책상머리가 아닌 실전에서 성적 관계 맺기를 슬기롭게 해나가야 할 텐데요. 성인이 되었으니 이제 중고등학생 때처럼 누가 와서 성교육을 해주는 것도 아니고, 스스로 알아보기엔 어떤 것부터 찾아 공부해야 할지 막막하죠. 누구에게 물어보기도 어렵습니다. 그런 걸 물어보는 나를 어찌 생각할까 불안하고 부끄러움이 앞서죠. 이렇게 막막하니 차라리 생각하지 않고 있다가 막상 기회가 생기면 상대방에게 주도권을 넘긴 채 수동적인 역할을 하는 경우도 많습니다. 오로지 각자의 노력과 책임으로만 성적 자기 결정권을 인식하고 실천하기란 쉽지 않습니다.

　저는 학생들이 당당하게 성적 자기 결정권을 행사하는 성인이 되길 바라는 진심을 담아 '나의 섹슈얼리티'라는 제목으로 성교육 특강을 준비했습니다. 드디어 성년의 날이 되었고 눈이 초롱초롱한 학생들을 앞에서 즐겁게 강의를 했죠. 잘 마치고 강의실을 나오는데 한 학생이 따라 나오더라고요. 더 많은 학우가 이 강의를 들을 수 있길 바란다면서 "'우리 또래'는 성 관련 지식수준이 정말 천차만별인 것 같다"고 덧붙였어요. 성에 관해 관심 있게 찾아보면서 자기 기준을 세워나가는 사람도 있지만, 진짜 아무것도 모르고 순진하기만 한 사람도 많다는 얘기였어요. 그 순간 저는 결심했습니다. 다음 학기부터는 여성심리학 수업 때 꼭 시간을 할애해 '20대 여성을 위한 성교육'을 강의하기로요.

성교육,
왜 불편하고 지루하기만 할까

대학생들에게 성교육 강의를 해보면, 20대에게 실질적으로 필요한 성교육은 공교육 내에서 접하는 성 지식과 거리가 매우 멀다는 것을 실감할 수 있습니다. 현재 초·중·고등 학생들에게 연간 일정 시간의 성교육을 제공하는 것은 반가운 일이긴 하지만, 여러 현실적인 한계가 있는 것도 사실입니다. 공교육 체계 내에서 학생들의 발달 수준에 맞는 성교육 커리큘럼이 잘 개발·정착되지 않아서 학교나 교사에 따라 성교육 진행에 편차가 클 수밖에 없습니다. 표준 커리큘럼이 마련되어 있지 않으니 꼭 필요한 내용이 학부모들의 항의로 인해 성교육에 포함되지 못하기도 하고, 교·강사 개인의 인권 감수성 수준에 따라 학생들이 수업 중

성관계를 맺을 자격

불쾌함을 느낄 수도 있습니다. 고등학교에서는 모든 자원을 입시 교육에 집중해야 하는 실정이니, 그나마 주어진 성교육 시간이 입시 공부에 쓰이기도 하고요.

사실 성교육은 지식 전달뿐 아니라, 학생들이 성과 관련된 여러 주제를 사유하고 토론하고 나누며 각자 가치관을 세우도록 하는 것이 중요합니다. 성교육이라는 것은, 범위를 넓혀 생각하면 '자신과 타인을 존중하는 법'을 배우는 교육과 다름없어서, 결국 인권 교육의 지향점과 만나기 때문입니다. 그런데 현 공교육 체계 내에서는 제한된 시간 안에 기초적인 성 지식을 전달하기도 바쁘니, 이런 광의의 성교육을 시도하기란 언감생심 꿈도 꾸기 어렵죠.

제가 어릴 때는 그런 '기초적인 지식을 전달하는 성교육' 마저도 없었어요. 제가 가장 처음 접한 성교육은 부모님을 통해서였습니다. 초등학생이던 어느 날, 부모님께서 언니와 저를 아주 진지한 얼굴로 부르시더니 앞에 앉히셨어요. 그리고 공책을 펼쳐 그림을 그리기 시작하셨죠. 엄마가 그렸는지 아빠가 그렸는지는 정확히 생각나지는 않지만, 그 그림의 생뚱맞음은 여태 또렷이 기억납니다. 눈을 크게 뜨고 봐도 뭘 그린 건지 알 수 없는, 가운데를 쪼개서 좌우대칭으로 펼쳐놓은 호스 같은 그림이었어요. 그리고 둘 중 한 분이 그림의 각 부위를 가리키며 설명하기 시작했어요. 여기는 나팔관이고, 여기는 난소, 여기는 자궁……. 엄마가 설명하고 아빠가 가만히 앉아 있었는지 그 반대였는지는 기억나지 않지만, 아무튼 너무나 진지하고 엄숙한 분위기였던 것만은 확실합니다. 언니와 저는 덩달아 진지하게 앉아 들었는데, 사실 교육 효과는 그리 크지 않았던 것 같습니다. 내가 몇 년 후엔 월경이라는 것을 하게 된다는 사실을 알게 되긴 했지만, 내 몸에 관한 이야기라기보다는 과학책에 나오는 어떤 생물에 관한 이야기 같았거든요. 교육은 내용만큼이나 전달 과정도 무척 중요한데, 당시 저의 부모님은 '여성의 몸으로 성장하는 것은 어렵고 불편하다'는 느낌을 전달하신 셈이었어요. 그날의 경직되고 어색한 분위기는 이후 제가 한동안 성이나 성교육을 대할 때 느꼈던 불편함이나 지루함의 시작이었습니다.

학교에 다니면서부터는 교과 과정 중 성교육과 관련된 내용을 특별히 접하진 못했습니다. 별로 기억나는 게 없어요. 월경은 늘 힘들었지만, 그냥 한 달에 며칠씩 참으며 지냈고요. 여중, 여고를 다녔기 때문에 특별히 애쓰지 않는 이상 이성 친구는 만나기 어려웠습니다. 성관계는 여성 잡지의 '부부관계' 팁을 알려주는 기사나 《채털리 부인의 사랑》 같은 고전 소설에서 배웠고, 임신에 관해선 생물학적인 지식만 있을 뿐이었어요.

그러는 동안 성과 관련된 경험은, 안 겪었으면 좋았을 것들로만 차곡차곡 쌓여갔습니다. 초등학교 때 남자아이들이 치마를 들추거나 바지를 입고 있는 사타구니를 만지고 도망갔던 일, 그런 일을 당하고는 약이 올라서 눈물이 날 지경이었지만 내가 잘못한 듯한 부끄러운 마음에 아무에게도 말하지 못한 일부터 꼽아봐야 할까요? 중고등학교 때 반소매 체육복을 입은 아이들의 팔뚝 안쪽 살을 만지작거리는 남자 선생님에게 느낀 불쾌한 기분, 여고 운동장 너머 언덕 위에서 트렌치코트 안에 아무것도 입지 않은 '바바리맨'이 코트 자락을 젖히는 걸 발견하고 놀랐던 경험, 고3 어느 날 캄캄한 새벽에 나와 통학 차량을 기다리는데 바로 앞에 정차 중이던 트럭에서 창문을 열어놓고 자위하는 남자를 보고는 공포심을 느끼며 집으로 다시 뛰어 들어갔던 기억…… 그러는 중에 몇 반 누구는 임신했다가 낙태했다거나, 누구는 대학생 오빠랑 사귄다는 등 이상한 소문은 바람과 같이 오갔어요. 아무에게서도 도움이 되는 정보를 얻지 못한 채, 성은 점점 더 은밀하고 혼자서 알아내야 하고, 심지어 불쾌하게 느껴지는 영역에 속하게 되었습니다.

20대 여성이 성에 관해
'진짜로' 궁금해하는 것들

요즘 20대 여성들의 성교육에 관한 생각은 어떨까 알아보기 위해, 여성심리학 수업 중 설문 조사를 해보았습니다. 지금 성교육을 받는다면 자신에게 필요한 내용은 무엇인지, '20대 여성을 위한 성교육'에 어떤 내용이 포함되어야 할지 묻는 설문 조사였어요. 다양한 답변이 있었는데요. 학생들은 실제로 관계에서 필요한 내용을 구체적으로 질문하고 있었습니다. 답변을 하나하나 꼼꼼히 읽어보다가 가슴이 묵직해졌습니다. '아, 우리 학생들이 이런 걸 필요로 하고 있었구나, 그런데 누구에게 말도 못 하고 혼자 고민하고 있었구나' 하는 생각이 드는 대목이 많았어요. 몇 가지 내용을 소개해볼게요.

부모님이 남자친구랑 1박으로 여행 가는 것을 반대하시는데, 매번 "결혼할 나이가 되면 여행가라, 네가 책임질 수 있는 나이에 가라"고 말씀하십니다. 그렇게 말씀하시는 것을 보면 혼전 순결을 지키라는 뜻인 것 같은데, 저희 나이에 성관계하는 것이 괜찮은가요?

남자친구와 2박 3일 여행을 계획 중입니다. 여행 중 관계를 할 것 같은데, 경험이 없어서 걱정되는 부분이 많습니다. 상호 합의된 안전하고 즐거운 섹스를 위해 저와 남자친구가 거쳐야 할 과정이나 해야 할 대화가 있을까요? 남자친구와의 섹스가 기대되면서 동시에 걱정이 됩니다. 제가 섹스에 주체적으로 참여할 수 있을지, 후회하지는 않을지, 6개월 만났는데 너무 이른 건 아닌지와 섹스 후의 관계 변화가 걱정됩니다. 또 당황하고 부끄러워하는 모습을 보이고 싶지 않아 다양한 체위와 관계 팁, 관련 영상을 벼락치기 하듯 찾아보다 이게 뭐 하는 건가 싶어 침울해지기도 합니다. 이런 기대와 고민, 섹스가 처음이라는 사실을 남자친구와 대화로 나누고 싶은 마음과, 적극적이고 주체적인 쿨한 모습을 보여주고 싶은 마음 사이에서도 갈등 중입니다. 쓰고 나니 너무 사적인 고민 같습니다. 친구에게도 부모님에게도 쉽게 나눌 수 없는 고민이라 이번 기회에 솔직하게 적어봤습니다.

학생들은 이렇게 성인이 되어 맞닥뜨리는 성관계에 관한 두려움이나 고민을 토로했습니다. 특히 성관계 전후에 준비해야 하거나 확인해야 할 것이 무엇인지 많이들 궁금해했는데요. 학생들이 던진 수많은 질문들을 주제별로 추려보면 대략 이렇게 분류할 수 있습니다. 피임 방법의 종류와 각각의 부작용부터 피임약의 종류에 따른 정확한 복용 방법, 성병의 종류와 예방법, 성폭력 대처 방법까지. 그리고 이런 것들 못지않게 많이 나온 질문의 주제가 있었으니, 그것은 바로 지난 성년의 날에 학생회가 특강을 요청했던, '성적 자기 결정권'이었습니다.

남성에게 의존하는 것이 아닌 스스로 내 몸이 뭘 원하는지 알 방법을 배우고 싶다. 나는 야한 동영상이나 자위 방법, 내가 원하는 섹스 등을 잘 모르며 살아왔는데, 그에 비해 남성은 자신이 원하는 것이 확고해서, 여성으로서 대부분 남자에게 의존하는 삶을 살았다. 하지만 나 스스로가 어떤 것을 좋아하는지 무엇을 싫어하는지, 또한 그것을 어떻게 요구하고 대화할 수 있는지 건강하게 탐구하는 방법을 알고 싶다.

수업 시간에 배웠던 것처럼 우리나라 대학생 성 실태 조사에서 여학생은 19퍼센트만이 성관계를 해본 적 있다고 응답했습니다. 그런데 일반적으로 알고 있는 성관계나 성 관련 지식은 오로지 남성의 쾌락만을 위한 혹은 남성의 관점에서 만들어진 정보가 대부분입니다. 여성의 시각으로 바라본 성관계나 피임에 관한 성교육이 필요하다고 느껴집니다.

사회적 통념과 상관없이 스스로 원하는 것이 무엇인지 파악하도록 돕는 교육이 필요하다고 생각합니다. 여성들은 성범죄를 당했음에도 바로 인지하지 못하는 경우가 많은데, 이것은 혼란스러움 때문에 자기감정이나 심리 상태를 정확히 알아차리지 못하면서 판단력이 흐려지는 탓일 수도 있겠다고 생각합니다. 이에 관한 교육이 필요하다고 생각합니다.

20대 여성 대학생들은 성교육 콘텐츠가 부족할 뿐 아니라 주체적으로 살기 위한 성찰이나 연습을 할 기회도 주지 않는 사회에서 살면서도, 자신에게 필요한 게 뭔지 찾아서 야무지게 말하고 있었어요. 성적 자기 결정권을 고민하며, 성적 존재로서의 자신을 자각하고, 관계 속에서 다양한 형태로 겪는 성적 행동의 의미를 구체적으로 알고 싶어 하는 학생들의 목소리를 접하니, 마음이 무거워졌습니다. 학생들의 고민과 혼란과 갈등이 생생하게 느껴졌는데, 그건 바로 제가 그 나이 때 겪은 경험들과도 일치했기 때문입니다.

충동적인 섹스를 위해
무엇을 감수해야 할까

멋진 남성과 여성이 서로 은밀하게 눈길을 주고받다가, 찰나의 순간 입을 맞추는가 싶더니 거칠게 서로 상대방의 옷을 벗기기 시작합니다. 잠깐 주저하거나 망설일 겨를도 없이 매우 숨 가쁘게 움직이며 두 사람은 이제 이동합니다. 공간의 구조나 가구 배치 등을 이미 파악하고 있었는지 이동을 리드하는 것은 남자 쪽입니다. 슬쩍슬쩍 방향을 잡아 움직이거나 여자를 번쩍 들어서 소파나 침대 같은 큰 가구 위에 눕힙니다. 이도 저도 여의찮을 땐 급한 대로 테이블을 활용하거나 바닥에 쓰러집니다. 사실 그렇게 환경적 척박함을 불사하는 듯 욕망이 강렬해 보일수록 보는 사람은 더욱 흥분되기 마련이죠.

이제 장면이 전환되어 아침을 맞이한 두 사람의 모습이 나옵니다. 둘 다 술에 취한 상태에서 벌어진 일이었다면, 눈을 뜨자마자 이불 속 자기 모습을 확인하고 당황하는 장면으로 이어집니다. 그리고 이러저러한 에피소드가 쌓여 둘 사이의 관계는 결국 연인으로 발전하죠.

이렇게 로맨스로 이어지는 충동적인 성관계 장면은 영화나 드라마에 심심치 않게 등장하는 클리셰인데요. 우발적인 이성애 섹스 장면이 반복적으로 재생산되는 데에는 두 가지 우려스러운 점이 있습니다. 하나는 이성애자 여성이 자신을 성적 행동의 주체가 아닌 대상으로 여기며 섹스에 수동적인 태도를 키울 수 있다는 점이고요. 다른 하나는 충동적인 섹스에 따라오는 위험 부담을 간과하게 한다는 점입니다. 상대방을 깨워서 따지거나 사후 피임약을 처방받으러 병원에 달려가는 장면으로 연결되는 드라마나 영화는 거의 보지 못했거든요.

현실은 드라마나 영화와 사뭇 다릅니다. 로맨틱 코미디가 아니죠. 현실에서는 여성이 어떤 남성과 충동적으로 첫 섹스를 한 후 건강상 아무 문제도 일어나지 않고 신변이 안전하려면, 여러 가지 행운이 뒤따라야 하니까요.

일단 단 한 번의 삽입 성교 후에도 매독과 같이 완치가

성관계를 맺을 자격

어려운 성병에 걸릴 수 있으니, 그 남자에게 성병이 없어야 합니다. 그리고 낯선 장소에서 시작된 로맨틱한 키스가 갑작스럽게 성관계로 진행된 후 질 염증이 발생하지 않으려면, 남성의 손과 성기가 깨끗한 상태여야 하고, 세탁한 지 오래된 침대 커버나 오염된 소파 쿠션에 질 입구가 닿지 않아야 합니다. 무엇보다 남들 눈에서 벗어난 밀폐된 장소에서 일어나는 애정 행각이 혹시 모를 '생명을 위협하는 행동'으로 바뀌지 않아야 하죠. 두 사람 모두 혹은 둘 중 한 사람이라도 술에 취한 상태라면 위험은 더 커집니다. 술에 취한 상태에서는 누구라도 공감 능력이 떨어지고(그래서 상대방의 고통에 무감해지고) 자기 행동이 어떤 결과를 초래할지 잘 고려하지 못하기 때문입니다.

임신 가능성은 또 어떻고요. 여성이 피임약을 이미 규칙적으로 복용하고 있거나 남성이 마침 준비되어 있던 콘돔을 적절하게 사용해야 하는데요. 둘 다 피임 준비가 안 되어 있고 혹시나 여성이 배란기에 접어들었다면, 정신을 차리자마자 당장 병원에 달려가 사후 피임약을 처방받아야겠죠. 그렇지 않으면 단 한 번의 충동적이고 자극적인 삽입 성교로 인해 이야기는 이제 로맨스에서 다큐멘터리나 공포물로 바뀝니다.

처음 성관계를 맺는 사람과의 충동적인 섹스는 단 한 번으로도 이토록 많은 위험을 야기할 수 있습니다. 한 번의 짜릿한 경험을 위해 지불하기엔 대가가 예상보다 무겁고 심각할 수 있다는 얘기죠. 그런데 사회는 어린 여성들에게 이런 러시안룰렛 같은 일을 계속해서, 간접적으로 권하고 있습니다. 여학생들에게 관계에 연연하지 말고 쿨하게 한번 시도해보기를 권하는 미국의 훅업(hook-up) 문화가 그러하고, 클럽에서 끌리는 남자와 하룻밤 즐기고 헤어지는 것도 젊은 날 해볼 만한 경험이라고 알려주는 듯한 드라마와 영화가 그러합니다. 남성에게 욕망의 대상이 되는 여성을 마치 '선택받은 존재'처럼 포장하는 미디어의 다양한 왜곡된 메시지들은 또 어떻고요. 이렇게 반복 재생된 메시지들은 십 대 여자아이들이나 이제 막 십 대를 벗어난 성인 여성들의 건강과 안전에 관해서는 일말의 책임도 지지 않습니다.

첫 섹스하기 전에
반드시 준비해야 할 것들

이십 대는 발달심리학적으로 성인기 초기에 해당합니다. 이제 막 청소년기를 거쳐 독립적인 성인으로 살기 위해 관문을 통과하는 시기죠. 살면서 정말 필요한 지식이나 마음의 준비를 채 갖출 기회도 없이 십 대를 마치고 성인이 된 이십 대 여성들이 관계를 맺어 나가면서 큰 문제가 없으면 좋겠고, 상처받지 않았으면 좋겠습니다. 실전에 나서는 이십 대 여성들에게, 파트너와 성관계를 맺을 때 반드시 체크해야 할 것들과 주의 사항들엔 무엇이 있는지, 피임은 또 어떻게 해야 하는지 등 중요한 정보들을 짚어달라고, 산부인과 전문의 서백경 선생님께 다시 한번 요청했습니다.

박혜연 이십 대 여성이 첫 성관계 시 반드시 체크해야 할 주의 사항에는 무엇이 있을까요?

서백경 첫 번째 성관계는 우발적으로 일어나는 경우가 많은데요. 그럴 때라도 꼭 기억해두면 좋은 것이 있어요. **내가 누군가와 첫 번째 성관계를 할 때 될 수 있으면 불을 켜놓으시라는 겁니다.** 파트너한테 병변이 있는데도 모르고 관계를 맺는 경우도 있어서요. 성기에 노란색 분비물이 보이진 않는지, 수포나 발진이 있지는 않은지, 일부분이 헐어 있지는 않은지, 포진 같은 게 있지는 않은지 등 피부 병변 여부를 눈으로 확인해보면 좋을 것 같아요. 사마귀도 꽤 많습니다. 오돌토돌하게 작게 보이는 경우도 있어요. 작은 사마귀 같은 문제는 치료 자체는 쉬워요. 그러나 한번 생기면 자꾸 재발하고 항문 쪽으로 넘어가서 불편할 수 있습니다. 무엇보다 옮을 수 있고요. 문제가 안 보이면 상관없지만 이런 게 보이면, 행동을 잠깐 멈춰야 합니다. 성 매개 질환을 예방하기 위해 콘돔 사용을 권해요. 콘돔을 사용하면 성 접촉을 통해 병균이나 바이러스가 들어올 확률을 좀 줄일 수 있습니다.

박혜연   아, 콘돔을 사용하면 피임도 되고 저런 병변이 옮는 것을 막을 수도 있다는 거네요. 피임에 관해서도 좀 자세하게 알려주세요.

서백경   피임 방법 중에서 병원 도움 없이 스스로 쉽게 할 수 있는 것은 피임약과 콘돔, 이 두 가지에요. 저희는 "더블 프로텍션(double protection, 이중 피임)"하라고 강조하거든요. 흡연하지 않는 분들은 쉽게 사전 피임약을 먹을 수 있고요.* 처방전 없이 구할 수 있는 피임약들이 있어요. 안전성이 확보된 만큼 처방전 없이 살 수 있습니다. 피임약은 피임 목적뿐 아니라, 생리통, 월경전증후군, 월경량 감소, 생리불순 등 여성 질환을 치료하는 목적으로도 복용을 권합니다.

박혜연   사전 피임약은 먹기 시작하면 얼마나 오래 먹어야 하나, 오래 먹어도 되나, 고민하는 여성분들도 많은 것 같아요.

서백경   길게 복용해도 크게 문제없는 약들입니다. 일 년 이상

---

*   흡연하는 경우 피임약을 복용하면 혈전 위험이 증가한다. 특히 나이가 들수록 위험성이 더 증가함으로 현재 흡연하는 35세 이상의 여성이라면 피임약을 복용하지 않아야 한다.

길게 복용해도 크게 문제가 없는 경우가 많아요. 외국에선 정말 길게 먹는 경우도 많아요. 오심, 구토 정도 외에는 특별한 부작용도 없는 편이라, 필요에 따라 원하는 기간 동안 복용하면 됩니다.

박혜연 피임약을 먹기도 하지만, 팔에다 심는 것도 있다고 들었는데요?

서백경 네, 맞아요. 사실 생리 주기에 맞춰서 매일 약을 먹는 게 편한 방법은 아니죠. 젊은 분들은 바쁘기도 하고요. 그래서 피임약 복용 말고 고려할 수 있는 게, 호르몬이 들어 있는 장치를 몸 안에 삽입하는 거죠. 자궁 안에 삽입하거나 팔에 피하 삽입하거나 하는 건데요. 이런 건 장기간 피임제에 해당해요. 임신 유지 작용을 하는 황체호르몬이 함유된 자궁 내 장치를 많이 쓰는데, 이 장치들은 잘 적응하면 굉장히 유용하고 좋아요. '미레나'라는 게 있고, '카일리나'라는 게 있는데요. 둘 다 한번 장착하면 5년간 피임 효과가 있어요. 그리고 피임만 되는 게 아니라 생리량도 줄어들고 생리통도 나아져요. 대략 '미레나'는 다섯 명 중 한 명, '카일리나'는 열 명 중 한 명꼴로 무월경이 유도되고요. 그래서 생리 때문에 고생하시는 분들에겐 정말 편한 방법이고, 생리의 고통에서 벗어날 수 있다는 이점도 있죠.

박혜연 5년의 유효 기간이 지나고 나면 다시 원래대로 되나요?

서백경 그럼요. 장치를 빼고 나서 3개월 이내에 가임력이 돌아옵니다. 아, 그리고 이걸 장착할 때는 사전에 산부인과에서 골반으로 타고 올라가는 균 검사나 염증 여부를 확인하는 것이 좋습니다. 아무래도 자궁 내 장치라, 이미 골반염을 일으키는 균을 가지고 있는 경우에는 염증이 심해질 수 있어요.

박혜연 그런데 피임 장치를 자궁 안에 넣는다는 것에 심리적인 부담을 느끼는 경우도 있을 것 같아요. 팔에 심는 것이 마음 편할 것 같기도 하고요.

서백경 팔에 장착하는 피하이식제 '임플라논'이라는 것이 있는데요. 피임 효과 지속 기간은 3년이에요. 장치가 방출하는 호르몬 성분이 피임 효과를 냅니다. 이식 후에 생리 주기가 불규칙해지거나 부정 출혈이 나타날 수 있어요. 이런 적응 기간이 좀 길어서 6개월까지도 갑니다. 물론 처음부터 적응을 잘하는 분도 계세요. 제가 진료실에서 경험한 바로는 부정 출혈 사례가 좀 많은 편인 것 같습니다. 삽입에 따른 부작용이나 몸의 변화가 걱정된다면 3개월 정도 프로게스틴 같은 피임약을 복용해본 다음에 임플라논 삽입을 고려해볼 수 있어요. 피임약을 미리 먹어서 몸이 약을 통한 호르몬 조절에 좀 적응한 분들은 이런 장치를 장착했을 때 적응이 빠른 것 같아요.

박혜연 그렇군요. 주변에서 이런 피임 장치를 장착하고 잘 적응한 사람들 얘기를 들어보면 되게 편하다고 하더라고요.

서백경 저도 미레나를 하고 있는데 정말 편해요. 팔에 심는 것도 생리 때문에 고생하셨던 분들에게는 도움이 많이 돼요. 젊은 분 중에서도 자궁선근증* 때문에 고생하시는 분들이 많은데, 그런 경우에 도움이 많이 돼요. 자궁내막증식증이 있는 경우에는 자궁 내 장치를 하면 예방 효과가 있어서 좋습니다.

---

* 자궁내막이 자궁근육층에 파고드는 자궁의 조직 변화로, 월경통이나 월경량 과다의 원인이 될 수 있다.

박혜연 비용은 어떤가요?

서백경 피임 목적으로 시행할 경우, 미레나, 카일리나, 임플라논의 가격이 서로 비슷해요. 저희 병원 기준으로 보면 40만 원에서 50만 원 사이에요. 5년간 쓰는 거니까 그 기간 동안 쓰는 생리대 값이라고 생각해도 되겠죠. 자신을 위해 투자하는 걸로 생각해도 좋을 것 같아요. 월경이나 피임으로 스트레스가 큰 분들이 병원에 많이 오시는데, 이런 방법이 잘 맞아서 적응하면 심리적으로 아주 편해지죠. 월경통이 심하거나 월경량이 많은 경우 미레나는 보험 적용이 되기 때문에 가격 부담이 적어질 수 있습니다.

박혜연 이런 것들은 모두 성관계 전에 미리 해야 하는 피임 방법들인데요. 사후 피임약은 어떤 건가요?

서백경 말 그대로 사후에 먹는 피임약이에요. 피임이란 게 로맨스와 연관되어 있잖아요. 사실 계획적일 수만은 없어요. 누군가와 불시에 성관계가 이루어질 수도 있고, 콘돔을 쓰려고 했는데 잘 안 된 경우도 있죠. 그럴 때 임신을 막기 위해 먹는 약이어서 사후 피임약이라고 하고 응급 피임약이라고도 해요. 진료실에서 보면, 술을 많이 먹고 섹스를 한 것 같기도 하고 아닌 것 같기도 해서 불안할 때 처방받고자 찾아오는 경우도 있습니다.

박혜연 사후 피임약에는 어떤 것들이 있나요?

서백경 72시간 내에 먹을 수 있는 '레보노게스텔'이라는 약이 있고, 120시간 내에 먹을 수 있는 '엘라원'이라는 약이 있어요. 둘 다 한 번만 먹는 약이죠. 엘라원은 성관계 후 5일 이내에만 먹으면 그 시간 내에는 늦게 먹는다고 해서 피임 확률이 떨어지지 않아요. 그런데 레보노게스텔은 시간이 지날수록 피임 확률이 낮아집니다. 성관계 후 12시간 이내에 먹었을 땐 괜찮지만, 2일이 지난 시점에서는 피임 확률이 60~70퍼센트로 떨어지죠. 그래서 성관계 후 12시간 이상 지났으면 더 비싼 약이어도 엘라원을 처방하는 편입니다.

박혜연 엘라원이 더 비싼 약인가보네요. 비용은 어느 정도인지, 어떻게 구할 수 있는지도 알려주세요.

서백경 사후 피임약은 의사면허증이 있는 의사에게 처방을 받아야 살 수 있어요. 의료보험이 안 되는 약이고요.

그래서 처방을 받기 위한 비용이 1-2만 원, 공휴일이나 야간에는 2만 5천 원에서 3만 원까지도 발생하고요. 약값은 지역이나 병원마다 다르지만 대략 엘라원이 3만 원, 레보노게스텔이 1만 5천 원에서 2만 원 정도 하죠. 공휴일에 엘라원을 처방받는다면 6만 원 정도가 드는 거죠. 약은 복용하는 본인에게만 처방 가능하기 때문에 남자는 처방받을 수가 없고요. 보호자 없이 오는 미성년자도 처방받는 것이 가능해요.

박혜연 사후 피임약이 혹시 몸에 부담이 되거나 부작용이 크지는 않나요?

서백경 사후 피임약은 일회성으로 먹는 거라서 한 주기에 딱 한 번 먹을 수 있거든요. 한 달에 두 번 이상 처방하지 않고, 혹시 그걸 고려해야 하는 경우라면 의사와 반드시 상의해야 해요. 이렇게 한 번 먹어서 임신을 막는다는 것은 곧 어떤 호르몬의 혈중 농도를 확 끌어올린다는 뜻이기도 합니다. 아무래도 체내 호르몬 수준이 급격히 변하면서 부작용이 따라올 수 있어요. 가장 흔한 부작용은 피가 비치거나 메스꺼움을 겪는 거예요. 월경 주기가 바뀌기도 하고요. 그렇지만 시간이 지나면 좋아지는 문제들입니다.

박혜연 이십 대 여성들이 알아야 할 정말 좋은 정보를 명확하게 알려주신 것 같아요. 마지막으로 당부하고 싶은 말씀이 있다면 어떤 걸까요?

서백경 젊은 여성들에게 피임과 관련해서 딱 하나만 얘기해야 한다면, '피임약을 먹고 콘돔을 쓰세요'라고 꼭 당부하고 싶어요. 한 가지 더 말씀드린다면, 자궁경부암 예방접종의 중요성이에요. **자궁경부암 예방접종은 분명한 이득이 있다는 점이 이미 입증되었기 때문에, 어린아이들에게는 국가 예방접종으로 실시하고 있어요.** 그런데 지금의 이십 대는 그 혜택을 받지 못한 끼인 세대거든요. 이십 대 역시 될 수 있으면 자궁경부암 예방접종은 꼭 하셔야 합니다. 어떤 걸로 맞으셔도 돼요. 인유두종 바이러스 16번하고 18번, 두 가지 감염을 막는 것만 해도 충분히 효과가 있어요. 왜냐하면 이 16번하고 18번 바이러스 때문에 이십 대인데 벌써 자궁 경부 이형성증*이 생긴 분들이 보이거든요. "성관계를 이미 했는데 맞아도 되나요?" 이렇게 묻는 분들이 많은데요. 성관계를 시작했어도 상관없어요. 이십 대라면 빨리 맞을수

성관계를 맺을 자격

록 좋아요. 또 한 가지는, 자궁경부암 검진입니다. 자궁경부암 검진도 국가 검진 사업에 속해요. 국가에서 해주는 거라서 무료예요. **2년에 한 번 무료 국가 검진, 그것만 챙겨도 자궁경부암은 대체로 예방**할 수 있다는 점을 꼭 말씀드리고 싶습니다.

딸이 중학생이던 시절에 어떤 대화 끝에 갑자기 요즘 학교에서 애들이 얼마나 서로 성적인 장난을 많이 치고 성희롱도 많이 하는지 아느냐고 하더라고요. 그러면서 애들은 이러고 있는데 학교에서는 성교육 시간에 진짜 필요한 건 안 알려주면서 맨날 정자, 난자 같은 소리만 하고 있다고 투덜대더니 갑자기 진지하게 물었습니다.

"엄마, 그런데 콘돔을 쓰면 진짜 피임이 되는 거야?"

갑작스러웠지만, 반가운 기회였습니다. 엄마가 먼저 나서서 알려주려고 하면 쓸데없는 걱정이나 잔소리로 여겨 싫어할 테니, 이런 기회를 잘 활용해야 하거든요.

"아니, 콘돔만으로는 완전히 임신을 피할 수는 없어. 콘

---

* 인유두종 바이러스 감염으로 인해 자궁 경부에 비정형세포들이 생긴 것을 말한다. 자궁 경부에 작은 비정형세포가 생기기 시작해 점점 커지면 상피 전층으로 퍼지면서 암으로 진행되므로, 암의 전 단계로 본다.

돔이 찢어질 수도 있고, 사이즈가 맞지 않을 수도 있고, 콘돔을 착용하기 전후로 정자가 들어갈 수도 있거든."

딸은 놀란 표정으로 그럼 피임을 어떻게 해야 하느냐고 물었어요.

"응, 산부인과 전문의 선생님한테 들었는데 이중 피임을 하는 것이 답이래. 콘돔도 쓰고 피임약도 먹는 거지. 피임약은 여자가 먹어야 하고, 아직 남자가 먹는 피임약은 개발되지 않았어. 피임약은 매일 규칙적으로 챙겨 먹는 게 중요해. 그런데 잊어버리지 않고 챙기기 어려우면 약을 먹는 대신 자궁 안쪽에 호르몬을 조절하는 장치를 삽입하는 피임 방법도 있어."

피임약은 여자만 먹는 약이며 매일 먹어야 한다는 것도 몰랐던 딸은, 엄마가 랩을 하듯이 다다다 말하다가 자궁에 뭘 삽입한다는 말까지 하자 눈이 더욱 동그래졌습니다.

"근데 그게 좀 비싸다. 몇 십만 원 정도 하는 것 같아. 너는 나중에 애인이나 파트너 생기면 엄마한테 바로 말해. 그때 다시 같이 고민해보자. 알았지?"

가만히 듣던 딸이 알았다며 순순히 고개를 끄덕거렸습니다. 다행이라는 생각이 들었습니다.

　　　　　　　성관계를 맺을 자격

임신과 출산이
여성의 몸에 불러일으키는 변화

앞서, 제 수업 중 학생들에게 '20대 여성을 위한 성교육'에 어떤 내용이 필요할지 설문 조사를 진행했다고 소개했는데요. 조사 결과, 학생들은 성관계 시 주의할 점, 피임 방법, 성적 자기 결정권 등뿐 아니라 임신과 출산에 관해서도 많이들 궁금해했습니다. 임신과 출산이 여성의 몸에 불러일으키는 변화에 관해서 구체적으로 알고 싶다는 내용이었어요.

좋아하던 젊은 여성 유튜버들이 임신해서 일상생활이 힘들어지고 출산 후에는 여러 후유증과 흉터를 갖고 살아가는 걸 브이로그로 지켜봤습니다. 하지만 이미 임산과 출산을 겪은 지 오래된 중년 여성들은 임신과 출산을 찬양하며 오히려 임신 기간 동안 주변으로부터 챙김을 받고 영양 보충을 잘 해서 몸이 건강해진다고 주장합니다. 저는 이 두 세대의 전혀 다른 주장 사이에서 혼란스럽습니다. 그래서 어느 쪽의 말이 더 합당한지와 임신과 산후조리 기간 동안 여성의 신체 변화에 관해 구체적이고 객관적인 정보를 얻고 싶습니다(태아의 성장이 아닌 모체의 신체적 변화가 궁금합니다).

성교육 학습 중에 임신이 이루어지는 과정을 배웠지만 아무도 임신이 된 후 임신부의 몸 상태가 어떻게 변하는지는 소개해주지 않았다. 배 속에서 아이가 커가는 과정이나 입덧의 양상 등은 알려주지만 임신부의 몸속에서 장기가 어떻게 움직이고 이로써 어떤 질병을 앓게 되는지에 관한 내용은 없어 아쉬웠기에 이런 내용을 배우고 싶다.

이런 질문들을 보고 한 대 맞은 듯 좀 멍해졌어요. 우리가 흔히 접하는 임신에 관한 이야기는 주로 아기에 초점이 맞춰져 있고, 임신의 주체인 여성의 입장에서 공유되는 내용은 거의 없거나 제한적인 것이 사실이니까요.

임신과 출산은 학생들의 질문에 담겨 있는 것처럼 여성에게 의학적으로 상당히 중요한 사건입니다. 임신을 기점으로 여성의 몸은 일 년 가까이 이전과 다른 상태로 변하고, 그에 따라 통증이나 기능 저하 또는 불편함을 동반하는 증상들이 나타납니다. 임신중독증(임신으로 인한 고혈압성 질환), 임신성 당뇨(임신 중기에 태반 호르몬으로 인해 발생하는 당뇨) 등 임신 합병증에 걸릴 수도 있고요. 임신 기간을 문제없이 보냈어도, 분만 시 예측하지 못한 위험이 발생할 수 있습니다. 즉 임신은 의학적 관점에서 '질병'으로 취급하지는 않지만, 여성의 신체에 큰 변화와 부담을 초래하는 일임은 부인할 수 없죠. 그런 점에서 임신을 차라리 질병 대하듯 관리하고 신경 쓰는 것이 오히려 당연하지 않나 하는 생각이 듭니다.

요즘 '우리나라의 합계출산율이 사상 최저'라는 뉴스가 연일 보도되는데요. 합계출산율*이라는 것은 가임기, 즉 임

---

*   출산율과 출생률은 서로 다른 개념이다. 출생률은 연간 전체 인구 천 명당 출생아 수의 비율인 반면, 출산율은 임신과 분만의 주체가 될 수 있는 가임기 여성을 기준으로 계산한 수치다. 이 글에서는 여성의 임신과 출산에 관한 이야기를 하느라 출산율을 언급하고 있지만, 한 사회의 인구 문제를 얘기하는 데 있어서 언제나 출생률보다 출산율을 따지는 것은 바람직하지 않은 면이 있다. 그 사회의 출생률 감소 문제를 여성만의 문제나 책임으로 몰아갈 가능성이 있기 때문이다.

신이 가능한 연령대(15~49세)의 여성들이 낳는 평균 자녀 수를 계산한 수치입니다. 우리나라 통계청의 발표에 따르면, 2023년의 합계출산율은 0.72명입니다. 이는 우리나라 여성 한 명이 가임기에 겪는 분만 건수가 평균 1건이 안 되는 현실을 반영합니다. 심각한 것은 합계출산율이 계속 더 떨어지고 있다는 것입니다. 이제는 우리나라뿐 아니라 세계 여러 석학들이 한국의 저조한 출산율을 걱정하는 지경에 이르렀는데요. 만일 임신을 몸에 부담을 초래하는 의학적인 상태로 본다면, 합계출산율에만 신경 쓸 게 아니라 임신한 여성의 건강을 살피는 데 힘을 쏟을 필요가 있겠다는 생각도 듭니다. '합계출산율 0.72'이라는 숫자가 출생아 수라고 생각할 때는 매우 적어 보이지만, 발상을 전환해보면 여전히 굉장히 많은 여성이 임신과 분만을 경험하고 있다는 뜻이기도 하니까요.

여성은 임신 기간 동안 건강에 문제가 생기거나 분만 시 어려움을 경험하면, 평생 합병증에 시달릴 수도 있고 심각한 경우 죽음에 이르기도 합니다. 우리나라 통계청에서는 매년 우리나라 국민의 사망 원인이 무엇인지 통계를 내 발표하는데요. 2023년에 발표된 우리나라 국민의 사망 원인 통계를 살펴보면, 2022년 한 해에 임신 및 분만과 관련된 질환으로 사망한 모성 사망자는 21명이었고, 그중 '직접 산과적 사망'*은 17명이었습니다. 요즘같이 의학이 발전한 시대에도 아이를 낳다가 죽는 여성이 있다는 사실이 새삼 놀랍죠.

저 역시 분만 후 산후출혈로 위험에 처한 경험이 있습니다. 산후출혈은 모성 사망의 주요 원인 중 하나인데요. 분만 후 이어지는 출혈의 원인은 크게 두 가지입니다. 분만 후 자궁 근육이 이완된 채로 수축하지 않으면서 출혈이 멎지 않는 경우와 분만 후 태반 조직이 자궁 내벽에 남아 유착되는 경우입니다. 저는 이 두 가지를 모두 겪었는데, 분만 전에는 전혀 설명을 들은 적도 없고 상상조차 해보지 못한 일이었어요.

분만하던 날, 24시간 넘게 진통을 겪고 겨우 아이가 제 몸에서 나와 분리됐을 때 저는 '아, 이제 드디어 다 끝났구나' 하고 안도하며 어서 빨리 입원실로 옮겨지기를 기대하고 있었습니다. 오랜 시간 긴장과 두려움, 통증을 겪으며 몸과 마음이 매우 지쳐 있었죠. 그런데 의료진은 저를 보내주지 않고 갑자기 얼음주머니를 가져와 배에 올려놓았어요.

---

*   모성 사망은 임신이나 분만의 합병증으로 발생한 '직접 산과적 사망'과 임신 과정에서 악화된 질병으로 인한 '간접 산과적 사망'으로 분류된다.

출산을 마쳐 진이 빠질 대로 빠진 몸에 차가운 얼음을 대고 있으려니 정말 견디기 힘들었고 영문을 몰라 두려웠어요. 간호사 한 분이 가까이 와서 '자궁이 수축하지 않고 풀려 있어서' 출혈이 멈추지 않는 상태라며, 출혈이 계속되면 '자궁을 들어내야 한다'고 설명해주었어요. 출혈이 멎지 않는다는 것도, 자궁을 적출해야 할 위험이 있다는 사실도 얼마나 무섭던지요. 두려움과 괴로움을 견디며 얼마간의 시간을 보낸 뒤, 다행히 얼음주머니 덕분이었는지 출혈이 멈춰 입원실로 돌아갈 수 있었는데요. 나중에야 이런 일이 드물지만은 않다는 걸 알게 되었어요. 바로 그 일 년 후 출산한 제 친구는 분만 후 출혈이 멈추지 않아서 혈압이 심하게 떨어지고 수혈까지 받아야 했거든요.

산후조리원을 거쳐 아기와 집에 돌아가서는 말로만 듣던 산후 증상들이 이어졌습니다. 하복부의 묵직하고 불편한 느낌, 출산할 때 절개한 회음부의 통증, 쉬이 가시지 않는 피로감과 붓기 등 대부분 들어본 증상들이어서 참을 만했는데, 마치 월경 중인 것처럼 출혈이 지속되어 멈추지 않는 것은 좀 이상했어요. 병원에 가서 출혈이 오래 멈추지 않는 것이 걱정된다며 몇 번이나 물어봤지만, 주치의는 '오로'*라고 설명하면서 곧 나아질 거라는 말과 함께 '자궁수축제'라는 약만 처방해주었고요. 그렇게 3개월을 지내다가 분만 후 백일이 좀 안 된 어느 날, 저는 다량의 출혈과 그로 인한 쇼크로 의식을 잃고 쓰러졌습니다. 나중에 알고 보니, '오로'가 아닌, 태반유착증으로 인한 산후출혈을 겪고 있던 거였어요. 태반유착증이란 분만 시 자궁 내에 남은 태반 조직이 자궁 내벽에 유착되어 출혈을 유발하는 분만 합병증입니다.

저는 산후조리를 잘해도 모자란 판에 3개월이나 피를 흘리고 있었던 셈이고, 의식을 잃던 날 가까이에 가족이 없었으면 정말 큰일이 날 수도 있었죠. 산후출혈은 비교적 흔한 분만 합병증이고, 모성 사망의 두 번째 원인이라는데요. 왜 아무도 미리 얘기해주거나 조심시키지 않는 것인지, 왜 이 위험 요인을 좀 더 깊이 연구한 사례는 없는 것인지, 이 중대한 사안을 왜 누구도 크게 문제 삼지 않는 것인지, 대상을 특정할 수 없는 원망으로 마음이 한참 동안 힘들었던 기억이 생생합니다.

다시 생각하기도 싫은 이야기를 이렇게 풀어 놓는 이유는 학생들의 질문에 담긴 불안한 마음과, 제가 그 시절 느

---

* 분만 후 3~4주가량 혈액, 자궁내벽에서 탈락된 점막과 세포, 박테리아 등이 섞여 분비되는 질 분비물을 일컫는다.

긴 공포와 막막함이 같은 맥락에 놓여 있기 때문입니다. 임신과 분만의 이야기가 이제는 좀 더 아기 중심이 아닌, 임신의 주체인 여성을 중심으로 정리되고 공유되어야 한다고 생각합니다. 여성의 몸이 임신으로 인해 어떻게 변하고, 어떻게 회복되며, 어떤 면에서는 이전으로 돌아가지 않는지, 분만 시 겪을 수 있는 일들은 무엇인지, 분만 합병증에는 어떤 것들이 있는지, 건강하게 임신하고 출산하려면 어떻게 해야 하는지, 이런 얘기가 좀 더 공공연하게 드러나고 관련 정보가 더 많이 공개되어, 임신과 분만을 국민 건강 문제로 구체적이고 적극적으로 관리해야 합니다. 저조한 합계출산율을 그토록 걱정하는 지금 이 시점이라면 더더욱 그래야겠지요.

앞서 이십 대 여성을 위해 필요한 정보들을 알려주신 서백경 원장님에게 임신과 출산에 관해 반드시 알아야 할 것들에는 무엇이 있는지 물어봤습니다. 많은 이십 대 여성이 임신과 출산 자체에 막연한 두려움을 느끼고 있으며, 임신과 출산 후 몸의 변화가 완전히 회복되지 못할까 봐 불안해한다는 것을 그대로 전하면서요.

서 원장님은 중요한 사실을 두 가지 짚어주셨어요. 첫 번째는 임신과 출산을 경험하지 않는 것이 여성의 건강에 더 바람직하다고 보기 어렵다는 것이고요. 두 번째는 신체 건강이나 체력 문제는 임신이나 출산 경험 여부보다는 평소에 몸 관리를 어떻게 하는지가 더 중요하다는 것입니다. 운동도 하지 않고 식사도 잘 챙기지 않는 젊은 여성이 많은데, 그렇게 지내다 근골격계 문제나 질병이 생길 위험을 생각해보면 그게 임신과 출산으로 생기는 부담보다 훨씬 더 큰 문제일 수 있다는 거죠.

임신과 출산을 무작정 두려워하거나 단편적인 면만 보고 해롭다고 생각할 필요는 없습니다. 다만 우리 사회가 임신과 분만을 '이러다 나라 망한다'는 식의 '재생산'의 관점으로만 바라보기보다는, 여성의 건강한 삶을 중요하게 여기고 우선시해야 할 때라고 생각합니다. 임신의 주체인 여성을 중심에 둔 임신 이야기가 더 많아지면 좋겠어요. 더불어 여성 개개인도 자신의 몸에 대한 주체성을 더 가지길, 더 적극적으로 건강하길 바랍니다.

틈을 메우는
포괄적 성교육의 힘

이제까지 한국 사회는 성교육에 있어 굉장히 중요한 네 가지 사실을 간과해왔습니다. 첫째는 아동·청소년뿐 아니라 모든 사람에게 생애 전 과정에 걸쳐 삶과 관계의 변화에 적합한 성교육이 필요하다는 점입니다. 두 번째는 성과 관련된 일을 지극히 개인적인 영역에서 벌어지는 것으로 치부해왔으나 실제로는 여러 문제가 가족, 친구, 애인 등 관계의 영역에서 일어난다는 점이고요. 세 번째는 성과 관련된 의사결정에 수많은 요인(관계, 미디어, 성 역할 고정관념, 사회 문화 등)이 영향을 미친다는 사실입니다. 그리고 마지막으로 반드시 짚고 넘어가야 할 무엇보다도 중요한 측면이 있습니다. 바로 성적 행동이 보편적 인권을 기반으로 해야 한다는 점입니다.

아동·청소년만을 대상으로 성교육을 하고, 막상 그렇게 이루어지는 성교육도 임신과 관련된 생물학적 내용을 전달하거나 성폭력을 예방하는 목적에만 치우쳐 있는 현실. 여성을 인권을 지닌 어엿한 인격체로 대하기보다는, 성적 존재로서의 섹시함 또는 모체로서의 모성만을 차별적으로 인정하는 모순적인 사회 분위기. 이런 현실과 사회 분위기 속에서 여성 청소년들이 과연 자신의 성적 성숙을 온전한 '성장'으로 받아들일 수 있을까요? 개인의 노력으로 극복하거나 해결하기엔 어려운 문제임이 분명합니다. 그래서 자신의 성적 특성을 부적절하다고 여기거나, 누군가의 욕망의 대상이 되는 데 급급해 여성으로서 스스로를 대상화합니다. 성적 자아를 제대로 발달시키기는커녕 성적 존재로서 자기 결정권을 누리고 행사할 준비가 안 된 상태에서 성인이 되어버리죠.

이제 막 성인이 된 청년들에겐 그 연령대에 맞는 성교육이 필요합니다. 그들을 위한 성교육은 기존 성교육에서 제공하는 것보다 깊이 있고 실용적인 성 지식을 담고 있어야 합니다. 아울러 성적 존재로서 주체적인 태도를 갖추는 것을 구체적으로 도울 수 있어야 하죠. 현재 우리 청년들에게 어떤 성교육이 필요할지, 그리고 아동·청소년에게 제공하는 성교육 콘텐츠의 어떤 부분을 보완해야 할지, 유엔의 교육·문화 전문 기관 유네스코(UNESCO)가 제시하는 '포괄적 성교육' 개념을 참고해보았으면 합니다.

'포괄적 성교육'이란, 유네스코에서 과학적인 연구 결과를 근거 삼아 체계화시킨 성교육 패러다임입니다. 인권과 성 평등이라는 본질적인 개념을 바탕으로, 성교육을 하는 데 필요한 주요 개념과 주제들을 '포괄적으로' 다루고 있다는 것이 특징인데요(그림 1). 특정 연령대에 국한된 교육이 아니라, 4개 연령대(5~8세, 9~12세, 12~15세, 15~18세 이상)를 대상으로 각 연령대에 맞는 내용의 커리큘럼을 갖추고 있다는 점이 특히나 인상적입니다.

좀 더 구체적으로 소개하자면 포괄적 성교육 패러다임이 아우르는 성교육의 핵심 개념은 다음과 같이 여덟 가지입니다. 1) 관계, 2) 가치·권리·문화와 섹슈얼리티, 3) 젠더 이해, 4) 폭력과 안전, 5) 건강과 복지를 위한 기술, 6) 인간의 신체와 발달, 7) 섹슈얼리티와 성적 행동, 8) 성 및 재생산 건강. 그리고 이 각 개념은 4가지 연령대에 맞게 학습 목표와 교육 내용이 정해져 있습니다.(표 1)

'포괄적 성교육'의 핵심 개념과 주제들, 그리고 연령대에

〔표 1〕 포괄적 성교육의 핵심 개념과 그에 따른 주제[8]
(출처: 아하 서울시립 청소년 성문화센터)

핵심 개념	주제
관계	①가족　②친구·사랑·연인관계 ③관용·포용·존중　④결혼과 육아
가치·권리·문화 섹슈얼리티	①가치와 섹슈얼리티　②인권과 섹슈얼리티 ③문화·사회와 섹슈얼리티
젠더 이해	①사회적으로 구성된 젠더와 젠더규범 ②성 평등, 고정관념과 편견　③젠더 기반 폭력
폭력과 안전	①폭력　②동의, 온전한 사생활과 신체 ③정보통신기술의 안전한 사용
건강과 복지를 위한 기술	①성적 행동에 대한 규범 및 또래의 영향 ②의사 결정　③대화, 거절 및 협상의 기술 ④미디어 정보해독력과 섹슈얼리티 ⑤도움과 지원 찾기
인간의 신체와 발달	①성·생식기·생리　②임신 ③사춘기　④신체 이미지
섹슈얼리티와 성적 행동	①성Sex, 섹슈얼리티Sexuality, 생애주기별 성 생활 ②성적 행동 및 반응
성 및 재생산 건강	①임신, 임신 예방 ②HIV와 AIDS 낙인, 돌봄, 치료, 지원 ③HIV를 포함한 성매개감염병 위험 감소에 대한 　이해와 인식

맞게 짜인 커리큘럼을 살펴보면, 우리가 그간 얼마나 좁은 범위의 성교육만 이야기해왔는지 실감할 수 있습니다. 유네스코는 현재 실제로 포괄적 성교육을 여러 문화권에 적용하고 있는데, 교육 결과 아이들의 성행위 시작 시기가 늦춰지고, 개인별 성행위 파트너 수가 감소하고, 콘돔 사용이 증가하고, 피임이 증가하는 등 긍정적인 효과가 나타나고 있다고 합니다. 우리의 성교육도 이 포괄적 성교육 패러다임과 활용 방식에서 많은 힌트를 얻어야겠습니다.

5장

안전하게 술 마시기
혹은 마시지 않기

술로 치르는
각종 신고식

대학교에 입학하자마자 겪은 일입니다. 제가 입학한 학교는 음주 문화가 매우 거칠기로 소문난 곳이었습니다(지금은 좀 달라졌길 바라며 과거형으로 써봤어요). 온갖 동아리, 소모임, 학과에서 신입생들에게 큰 그릇에 담은 막걸리를 '원샷'시키는 통과의례를 거치도록 했습니다. 한번은 특별 제작한 커다란 바가지를 마주해야 했습니다. 다리 앞에 파란색 대형 플라스틱 통을 놓고 바가지 가득 찰랑거리는 막걸리를 쉬지 않고 다 마셔야 했는데, 더러는 쏟고 더러는 마시다가 토하면서 그 큰 바가지를 다 비웠습니다. 동기 여학생 한 명이 쓰러져 응급실로 실려 갔는데, 다행히 큰일은 없었던 것 같고요.

그로부터 얼마 되지 않아서 제가 속한 작은 동아리에서도 신입생 환영회가 있었는데요. 선배들과 신입생들이 같이 북한산인가 도봉산인가를 올라갔다 내려와 산 아래에 방 하나를 잡고 조촐한 뒤풀이를 한 다음에 헤어지는 일정이었어요. 신입생인 저는 유리잔 가득 담은 고량주 세 잔을 연거푸 마셔야 했습니다. 고량주가 어떤 술인지, 알코올 도수가 몇인지 모르는 채로 시키는 대로 세 잔을 다 마시고는 금방 만취 상태가 되었어요. 당시 주변에 혹여 나쁜 마음을 먹은 사람이 한 명이라도 있었거나, 제 몸이 독한 다량의 알코올을 견디지 못하는 체질이었다면 정말 위험할 뻔했는데요. 아무 일도 없이 지나가 다행이라고 넘기기엔, 지금 생각해도 아찔한 기억입니다. 자신의 인생을 한두 번의 요행에 맡기는 것은 너무나 무모한 일이니까요.

그 무지막지한 통과의례에 참여하지 않은 신입생들도 물론 있었습니다. 그러나 술이 무서워서 혹은 그런 강요가 싫어서 신입생 환영회에 참석하지 않겠다며 거부하기란 생각보다 쉽지 않습니다. 신입생 환영회 같은 큰 행사가 아니더라도, 막 성인이 된 뒤엔 여러 크고 작은 모임에서 술을 마실 기회를 마주하게 됩니다. 얼마나 마시면 취하는지, 취하면 어떻게 되는지 모르는 채로, 혹은 알면서도 하는 수 없이요.

생각해보면 매우 위험하고 무모한 일인데, 아무렇지도 않게 이런 일이 반복된다는 사실이 정말 이상합니다. 인간은 합리적으로 사고하고 행동하는 존재라고들 하는데, 왜 이토록 많은 사람이 자신의 건강을 신경 쓰지 않고 안전이 보장되지 않은 사회적 환경에서 술을 마실까요? 왜 해마다 대학 신입생이나 청소년에게서 음주와 관련된 여러 사고가 끊이지 않을까요? 심리학적으로 크게 두 가지 원인을 짚어볼 수 있습니다.

"남들 다 마시니까 괜찮겠지"

: 사회적 규범에 따른 음주

첫 번째는 '사회적 규범' 때문입니다. 인간은 자신이 속한 사회에서 다른 사람들이 많이 하는 행동을 규범으로 여기고 따르려는 경향이 있습니다. 법적인 강제성이 있는 것도 아닌데, 남들이 다 하는 것 같으면 따라 하는 거죠. 우리가 여행지에서 길을 가다가 어느 식당에 사람들이 길게 줄을 서 기다리는 걸 보고는, "맛집인가 봐. 일단 서보자" 하면서 덩달아 줄을 서서 식당 정보를 검색해보는 행동이 그렇고요. 남들 따라 유행하는 옷이나 신발을 사는 행동도 그렇습니다. 어떤 물건이 필요해서 온라인 쇼핑몰을 찾을 때 '리뷰'가 많은 것을 선택하는 것도 이 '사회적 규범'으로 설명할 수 있죠.

술은 많은 나라에서 합법적으로 허용하는 중독성 약물입니다. 마시면 사람의 몸을 이완시켜 주고 심리적으로도 긴장이나 불안감을 낮춰주기 때문에, 스트레스가 많은 현대인이 음주를 즐기는 것은 어찌 보면 당연합니다. 특히 우리나라는 음주에 무척 관대한 편입니다. 술 마신 사람이 벌이는 온갖 실수를 그저 '흑역사' 정도로 여기며 키득키득 웃어넘기거나, 중대한 범죄를 저지른 사람이더라도 술을 마신 상태였다면 심신이 미약해져 있었다는 이유로 감형해주기도 합니다.* TV 드라마나 영화에서도 주인공들이 과도하게 술을 마시는 장면을 자주 볼 수 있습니다. 많은 영화에서 멋진 배우들이 성별 구분 없이 힘든 일을 겪을 때 술을 많이 마시고 스트레스를 푸는 모습을 보여주죠. 남자 주인공이 분명 알코올 중독자 수준인데 멋있는 캐릭터이거나, 만취 상태의 여자 주인공을 귀엽고 사랑스럽게 표현하는 일도

---

* 지난 2018년에 주취자 감형과 관련된 형법(제 10조 2항)의 내용이 '형을 감경한다'에서 '감경할 수도 있다'로 바뀌었다(형법 제10조 2항). 이 법 개정으로 인해 술에 취한 사람이 범지를 저질렀을 때 감형해주는 것은 필수가 아닌 선택이 되었다. 최근에는 음주 상태에서 저지르는 범죄 사건이 많아 법에서 음주로 인한 감형 규정 자체를 폐지해야 한다는 목소리가 높아졌지만, 아직은 범죄자의 주취 상태가 양형에 고려되고 있는 것이 현실이다.

다반사입니다. 그런 걸 자주 접하다 보니 우리도 그렇게 많이 마셔도 될 것 같고, 심지어 한 번씩 그래야 할 것 같기도 합니다.

'성인이라면 누구나 술을 마신다', '많은 사람이 스트레스 상황에서 술을 마신다'는 것이 사회적 규범의 역할을 하기 때문입니다.

그런데 사회적 규범을 따를 때 간혹 엉뚱한 문제가 발생합니다. 첫 번째 문제는, 실제로는 그렇지 않은데도 남들이 다 그런 것처럼 느낄 때, 즉 내가 생각하는 사회적 규범의 수준이 실제와 다를 때도 그걸 따라 하게 된다는 거예요. 한 연구에서 130개 대학의 대학생 7만 6천여 명에게 또래 학생들의 음주량이 어느 정도 된다고 생각하는지 조사한 적이 있습니다.[9] 조사 결과, 대학생들은 또래 학생들의 음주량을 실제보다 많게 추정했어요. 즉 다른 학생들이 실제보다 많이 마시는 걸로 잘못 알고 있었다는 것입니다. 두 번째 문제는, '부메랑 효과'입니다. 위의 사실을 알게 된 연구자들은 학생들에게 실제 대학생 평균 음주량을 알려주면 좋을 거라고 생각했습니다. 다른 학생들이 생각보다 적게 마시는 걸 확인하면, 학생들 개개인의 음주량이 줄어들지 않을까 기대하면서요. 그런데 실제 대학생 평균 음주량을 알려준 결과, 어이없는 일이 일어났습니다. 술을 적게 마시던 학생들의 음주량이 늘었거든요. 이를테면 평소 일주일에 맥주 한 병 정도 마시던 학생이, 대학생 평균 음주량이 일주일에 맥주 세 병이란 걸 알게 되면 평소보다 더 마시게 되더라는 겁니다. 이걸 '부메랑 효과'라고 합니다. 바로 사회적 규범으로 인해 생기는 문제죠.

자신이 소속된 집단의 구성원들이 많이 하는 행동을 참고하여, 그것이 좋건 나쁘건, 합리적이건 불합리하건 상관없이 맞춰 따르고자 하는 경향. 이것이 어린 청소년이나 음주 경험이 없는 대학 신입생, 사회 초년생을 무모한 음주 행동으로 이끄는 첫 번째 원인입니다. 폭음하거나 만취 상태에서 이런저런 실수를 하는 것 모두, '남들 다 하는 거 보니 괜찮겠지, 별일 없겠지, 저게 맞는 거겠지' 하며 따라 하게 되는 겁니다.

"분위기 망치고 싶지 않아서"

: 소속감과 관계를 위한 음주

두 번째 이유는 '소속감'과 '관계 지향성' 때문입
니다. 어떤 모임이나 조직에서 많은 사람이 즐겨 하는 행동
을 나만 하지 않을 때는 그곳에 속한 구성원으로 인정받지
못할 가능성을 감수해야 합니다. 엄청나게 많은 양의 술을
마시게 하는 신입생 환영회에 불참한 신입생은 선배들과 친
해질 기회를 얻지 못할뿐더러, 유난스럽거나 사회성이 부족
한 사람으로 낙인찍혀 사람들의 입에 오르내리게 마련입니
다. 정말 이상한 일이지만, 차라리 신입생 환영회 때 그 많은
술을 순응적으로 다 마신 후 쓰러져 응급실에 실려 가면, (큰
일이 일어나지 않았을 때 한하여) 그 학생은 선배들에게 걱정과
위로의 말을 들으며 학교생활을 시작하기도 합니다(제 경험

상 정말 그랬어요).

인간은 누구나 대인 관계를 매끄럽고 원활하게 하는 것이나 어딘가에 소속되는 일을 중요하게 여깁니다. 십 대 시절엔 남자아이건 여자아이건 가까운 친구를 만들지 못하거나 친구 무리에서 배제되면 심한 수준의 심리적 고통을 느끼곤 하죠. 그런데 여자아이들은 대체로 남자아이들보다 사회성이 이르게 발달하므로 생각보다 훨씬 어린 나이부터 관계에서 모종의 역할을 요구받으며 자랍니다. 누군가를 돌보는 것, 다른 사람의 마음을 헤아리는 것, 사람들 사이의 갈등을 중재하는 것, 주변 사람들과 잘 지내는 것에 큰 가치를 두고 그것을 잘할 때 칭찬받으며 커갑니다. 그러는 중에 자연스럽게 남을 실망시키지 않기 위해 애쓰고, 싫은 것도 거절하지 않고 견디며, 원만한 관계를 위해 노력하기를 본인의 역할로 떠안습니다. 이렇게 자라고 교육받은 여자아이들이 생애 첫 술자리에 앉게 되었을 때, 어려운 선배가 혹은 다수의 참석자들이 자꾸만 권하는 술을 쉽게 거절할 수 있을까요? 그랬다가는 순응적이지 않고 사회성 없는 사람으로 찍힐 수도 있고, 고집 세고 성격 나쁜 인상을 줄 수도 있는데요. 무엇보다도 그 자리에서 순응적으로 행동하지 않았다가는 모임의 분위기가 불편해질 수도 있으니, 모종의 책임감을 느끼고 있을 가능성이 큽니다. 다시 말하자면, 오랫동안 여자아이들은 관계를 잘 만들고 관계 속에서 기능하는 것이 당연하다는 듯 요구받으며 길러졌고, 암묵적으로 관계 유지에 책임감을 느끼도록 교육받아왔기 때문이에요. '관계성'을 중요시 여기며 자란 사람이라면 자신의 개인적인 행동으로 인해 다른 사람이 기분 나빠하거나 여럿이 불편해지는 것을 감수하기는 쉽지 않죠. 그래서 술자리에서도 분위기를 깬다거나 자기만 소외되기보다는 주는 대로 거절하지 않고 마시는 쪽을 선택하게 되는 거죠.

술에 취한 뇌가
저지르는 폭력

체질 상 알코올이 건강과 생존에 치명적인 사람이 아니라면, 보통은 집에서 혼자 다량의 술을 마신들 크게 위험하진 않습니다. 아이러니하게도 오히려 누군가와 함께 술을 마실 때가 더 위험할 수 있죠. 물론 믿을 만한 사람과 함께 있다면 걱정할 필요가 없지만 여성이 혼자서 여러 명의 낯선 사람들과 폭음하는 장면은 생각만 해도 아찔합니다. 때로는 잘 아는 사람과 둘이 술을 취하도록 마신다고 해도 마찬가집니다. '알코올 근시' 현상 때문에 그렇습니다.

술을 많이 마시면 몸이 이완되고 걱정과 불안이 감소하면서, 평소 스스로 통제하고 제한하던 생각에서 벗어나게 됩니다. 그뿐 아니라 술에 취하면 뇌는 알코올에 푹 담가져 있는 상태가 되어서, 원래대로 기능하지 못합니다. 특히 지금 하는 행동이 나중에 어떤 결과로 이어질지 계산하는 능력이 현저히 떨어지죠. 그래서 멀쩡한 정신에는 결코 그러면 안 된다고 여겼던 행동도 '까짓것 하면 뭐 어떠냐'라고 생각하거나 아예 그 행동의 결과를 생각하지 못하고 저질러버리기에 이릅니다. 이건 음주로 인해 미래를 예측하지 못하고 지금 당장의 기분과 욕구에만 집중하게 되는 알코올 근시 상태에 돌입하게 되어서입니다.

술에 취한 뇌는 다른 사람에게 공감하는 능력도 떨어집니다. 그래서 "안 돼"라고 말하는 사람의 말이 정말 거절하는 것인지 아닌지 구분을 잘 못합니다. 구분을 못 한다기보다는, 술에 취해 제정신이 아니니 상대방의 마음에 둔감해진다고 하는 편이 더 맞습니다. 그래서 상대의 말을 무시하고 자기중심적으로 행동해버리는 겁니다.

술에 취한 뇌에서 나타나는 '알코올 근시'와 '공감 능력 저하', 이 두 가지 특성은 데이트 폭력 위험을 더 높입니다. 실제로 음주는 성폭력 범죄와 연관되어 있는데요. 경찰청 범죄 통계 보고에 의하면, 2022년 강간 범죄로 검거된 6,523명 중 21.1퍼센트(1,379명)가 술에 취한 상태였습니다. 강제추행범죄 검거 인원 중에서는 33.5퍼센트가 주취 상태였고요

(15,574명 중 5,223명). 가해자의 음주만 문제가 되는 것은 아닙니다. 피해자의 음주 여부도 성폭력 피해의 중요한 변수입니다. 미국 중독 센터(American Addiction Centers)의 보고에 따르면, 대학 캠퍼스 안에서 벌어지는 성폭력 사건 피해자의 43퍼센트가 술을 마신 상태였다고 합니다.[10] 음주로 인한 피해자의 알코올 근시와 자기 보호 능력 저하도 성폭력 위험을 증가시킬 수 있음을 보여주는 통계치인 것 같습니다.

몸을 못 가눌 정도로 술을 많이 마시는 일은 누구라도 위험합니다. 그런데 음주에 허용적인 사회 분위기와, 만취 상태에서 일어나는 아슬아슬하고 위험한 해프닝들을 재미나게만 묘사하는 대중 미디어 콘텐츠들을 접하며, 많은 어린 여성들이 술에 취하는 것에 두려움을 느끼지 못하고 심지어 음주를 긍정적으로 생각하는 것은 정말 걱정스럽습니다. 누군가가 범죄나 폭력의 대상이 되었을 때 가해자를 가리고 처벌하는 것은 무척 중요합니다. 그러나 그 전에 어디에서건 자기 자신을 스스로 지키는 데 신경을 써야 합니다. 이는 아무리 강조해도 지나치지 않습니다.

술 마시기 전에
반드시 알아야 할 몇 가지

.

어느 날 딸이 자기는 성인이 되면 꼭 하고 싶은 게 있다고 하더라고요. 고등학생이 된 지 얼마 되지 않은 때여서 '그래, 네가 미성년자 딱지를 떼면 하고픈 게 어디 한두 가지이겠냐' 하는 생각이 들어 슬며시 웃으며 그게 뭐냐고 물었죠. 친구들과 어울려 술을 많이 마셔보고 싶다는 답이 돌아왔습니다. 성인이 되어서 꼭 하고 싶은 일이 고작 술을 마시는 거라니요. 왜 그런지 이유를 묻자, 재밌어 보인다고 해요. 좀 더 얘기를 시켜보니 자기 주량은커녕 술에도 종류가 다양하고 저마다 알코올 도수가 다르다는 것도 잘 모르는 채로 하는 말이었어요. 어린 청소년들이 음주 행동에 관해 미디어의 영향을 얼마나 많이 받고 있는지 확인할 수 있는 순간이었습니다.

요즘은 TV 같은 레거시 미디어 외에도 뉴미디어에서 쉽게 접할 수 있는 동영상 콘텐츠가 참 많은데요. 그중 연예인들이 운영하는 유튜브 계정에서 초대 손님을 불러서 술을 마시며 애기하는 콘텐츠가 많아진 것이 특히 주목할 만합니다. 유튜브 콘텐츠는 공영 방송에 요구하는 규제에서 자유로우니, 술을 마시며 녹화하거나 욕설, 비속어를 사용하는 일에도 거리낌이 없죠. 그래서인지 꽤 인지도 있는 연예인들이 만드는 음주 콘텐츠가 점점 늘고 있습니다. 인기 연예인이 나와서 술에 취해가며 조금씩 흐트러지는 모습을 보는 일은 사실 꽤 재미있습니다. 간혹 인생에 도움이 되는 진지한 애기가 오가기도 하죠. 술을 마시지 않은 '맨 정신'에서라면 보여주지 않았을 모습으로 '취중진담'을 하는 것 같아서, 그 사람의 진짜 속내를 본 것처럼 친근감을 느끼기도 합니다. 문제는 이런 콘텐츠가 소비하는 사람들로 하여금 알게 모르게 음주를 긍정적인 것으로 받아들이도록 부추긴다는데 있습니다. 콘텐츠 소비자에는 당연히, 청소년들도 포함되어 있을 테고요.

비단 유튜브 콘텐츠뿐 아니라 온 데서 청소년들에게 음주를 권하고 있죠. 주류 광고에는 젊고 발랄한 여성 연예인

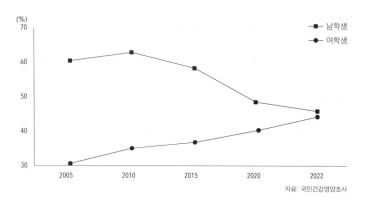

〔그림 3〕 **20대(19~29살) 월간 폭음률**

(%)

- ■ 남학생
- ● 여학생

자료: 국민건강영양조사

이 등장해 술을 '밝고 경쾌한 소비재'처럼 보이도록 포장해 전달합니다. 기업들은 아예 여성 소비자를 겨냥해 알코올 도수가 낮고 달콤한 술을 출시하기도 하고요. 드라마, 영화, CF에 등장하는 술 마시는 여성들은 일 잘하고 능력 있거나, 섹시하고 잘 놀고 멋있습니다.

이런 분위기 때문일까요. 질병관리청에서 보고한 최근 10년간 우리나라 음주 실태를 살펴보면, 여성의 음주가 점점 증가하는 것을 확인할 수 있습니다. 특히 지난 십여 년간 20대 여성의 폭음률(월 1회 이상 한 번에 5잔 이상의 술을 마시는 사람의 비율)이 꾸준히, 가파르게 상승하고 있죠.(그림 3)

이렇게 여성의 음주율이 증가하는 것은 사회 분위기와

떨어뜨려 생각하기 어렵습니다. 청소년에게 미치는 영향을 생각하면 더욱이 간과할 수 없는 현상이고요.

자기 자신과 술의 관계를 잘 파악하지 못한 채, 술을 무조건 긍정적으로 생각하는 건 상당히 위험합니다. 내가 감당할 수 있는 술의 양이 어느 정도인지, 자신의 주량 이상을 마시면 어떻게 되는지 잘 모르면서 밖에서 늦은 시간까지 술을 마시다가 결국 취하는 상황이 즐거울 거라고 생각하는 건, 정말 이상한 일 아닐까요? 술을 과하게 마셔서 의식이 흐릿해지고 판단을 잘 못하게 되며 몸도 못 가누는 상황. 내가 뭘 하는지 잘 모르고, 누가 나에게 한 말이나 행동에 적절하게 반응하지 못하거나 아예 명확하게 인식하지 못하는 상태. 이게 바로 술에 취한 상태입니다. 말이 어눌해지고, 걸음을 똑바로 걷거나 원하는 방향으로 뛰지 못하니, 낯선 사람이 다가와도 피하기 어렵습니다. 누가 나에게 원치 않는 접촉을 시도해도 그걸 뿌리치다가는 내가 오히려 비틀거리거나 넘어지기 쉽습니다. 내가 마시던 잔이 다른 사람 잔과 바뀌거나 누가 다른 음료를 섞어 넣어도 알 수가 없고요. 소지품을 잘 챙기기도 어렵습니다. 막차 시간을 놓쳐도 그 사실에 무감해집니다.

술에 취하면 자기 몸을 스스로 보호할 수 없고 과한 음주가 지속되면 건강을 해치게 되니, 누구라도 술은 가능한

한 적게 마시거나 마시지 않는 것이 좋습니다. 게다가 여성이라면 기억해야 할 것이 하나 더 있어요. 여성은 남성에 비해 술에 빨리 취한다는 사실입니다. 여성은 같은 체중의 남성에 비해 체지방량의 비율이 높고 체수분량의 비율은 낮습니다. 그래서 같은 양의 술을 마셔도 혈중 알코올 농도(blood alcohol concentration)가 남성보다 훨씬 빨리 높아지죠. 그래서 여성은 남성과 술을 똑같이 마셔도 더 빨리 더 심하게 취할 수 있습니다.

물론 술은 마시지 않는 것이 가장 좋지만, 평생 술을 마시지 않기는 어렵죠. 이상적인 내용의 조언보다는 현실적인 조언을 드리는 편이 나을 것 같습니다. 그래서 술을 많이 마셔보고 싶은 '로망'이 있는 여성 청소년이나 이십 대 초반의 성인 여성이 술을 마시기 전에 꼭 알아야 할 몇 가지를 짚어보았습니다.

첫째, 반드시 집에서 안전한 사람들과 마시면서 자신의 주량과 취했을 때의 모습 파악하기.

둘째, 밖에서 술을 마실 때는 믿을 만한 사람, 의지할 수 있는 사람 곁에 있기.

셋째, 술을 마실 때는 물을 더 많이 마시기.

넷째, 가능한 한 적게 마시기.

다섯째, 밖에서 술 마실 때는 집에 돌아갈 방법을 미리 마련해 놓기(차비 마련해놓기, 데리러 와줄 사람이나 같이 갈 사람 찾기, 막차 시간 확인하기 등).

여섯째, 기분이 우울하거나 스트레스가 심할 때는 밖에서 술 마시지 않기.

이 여섯 가지를 반드시 기억해야 합니다. 그리고 모르는 사람들과 있을 때나 안전 여부가 확인되지 않은 장소에 있을 때, 내가 술에 취해 스스로 보호하기 어려운 상태가 되는 것에 경각심을 가져야 합니다. 이 당연한 경각심이 술을 마실 때만 무장 해제되는 이유는 다들 그러는 것 같고, 그래도 아무 일 없이 괜찮아 보이고, 좋아 보이기 때문일 겁니다. 사실은, 다들 그러진 않고, 그랬다가는 돌이킬 수 없는 일이 일어날 수 있고, 미디어에서 본 것처럼 그렇게 좋지만도 않습니다. 내 몸은 우선 나 자신이 지켜야 합니다. 이제껏 술을 많이 마시고 취한 경험이 많았어도 위험에 처한 적이 없는 사람이 있다면, 게다가 그가 여성이라면, 그동안은 그저 운이 좋았을 뿐일 겁니다.

보여주는 몸이 아닌
내 몸으로 살아가기

지난여름, 달리기를 시작했습니다. 처음에는 1킬로미터도 달리기 어려웠는데, 덥고 습한 여름내 매일 꾸준히 뛰다 보니 더위가 가실 때쯤부터 3~4킬로미터 정도는 중간에 걷지 않고 쭉 뛸 수 있게 되었어요. 그렇게 되기까지는 정말 힘들었어요. 본업을 잘하는 데 필요한 체력을 키우고자 시작했는데, 달리기로 인한 피로감으로 여름 한 철 내내 일상생활이 힘들 지경이었죠. 그런데 힘들어하면서도 계속 달리다 보니, 희한하게도 비로소 몸으로 사는 기분을 느끼게 되었어요.

몸이라는 게 그렇습니다. 위나 식도 같은 내부 기관은 문제가 생겨서 기능이 나빠지거나 통증이 생겨야 존재를 느낄 수 있잖아요. 그런데 팔다리처럼 겉으로 보이는 영역은 오히려 기능보다는 모양에 신경을 쓰게 되죠. 이런 불일치하고 비일관적이며 부분적으로 이루어지는 몸에 대한 인식이 달리기를 하면서 완전히 달라졌습니다. 평소보다 빠른 심장 박동, 근육의 긴장감, 호흡에 따라 숨이 들고 나는 느낌 들이 하모니를 이루며, 몸이 부분이 아니라 전체로 느껴지는 경험, 그건 바로 내가 나로 존재함을 자각하는 경험이었어요.

오랫동안 앉아서 생각하고 읽고 쓰고 심리 상담을 하며 살아온 저는, 이렇게 몸 전체를 적극적으로 사용하거나 다른 방식으로 움직여본 일이 많지 않았는데요. 달리며 내 몸을 다르게 느끼고 그 느낌을 받아들이는 과정을 통해 나의 존재를 인식하는 새로운 방식을 알게 되는 것 같았어요. 그러면서 기억이 났습니다. 나무를 보면 기어오르고, 물을 보면 옷이 젖건 말건 들어가 버리고, 반바지를 즐겨 입으며 여기저기 뛰어다니고, 남자애들과 주먹질, 발길질하고 싸우면서도 지지 않았던 어린 시절 제 본연의 모습이요.

어린 여성들에게 도움을 주고자 썼지만, 이 책은 제가 몸으로 살기에 충실하지 못했던 지난날들을 되짚어보는 아쉬움과 반성의 기록이기도 합니다. 책을 마무리하는 동안에는 달리기 거리를 조금씩 늘려가면서, '내 몸으로 잘 살아가기'

를 더 구체적으로 실천하기 시작했고요. 나의 팔과 다리, 목과 어깨, 손과 발로, 튼튼한 근육과 유연한 관절을 위해 훈련하고, 그 과정에서 오는 통증, 피로감을 오롯이 느끼고, 그렇게 훈련한 몸으로 강변과 산길의 아름다운 풍경을 가까이에서 누리고 싶다고 생각해보게 되었습니다. '보여주는 몸'이 아닌 '사는 몸'으로 충실히 지내다 보면 제 삶이 비로소 바람직한 균형을 찾아 만족과 행복에 가까워질 거라는 희망을 품으면서요.

이 책을 읽는 여러분에게 자기 몸의 주체가 되는 경험과 연습을 조금이라도 이른 나이에 시작하도록 권하고 설득하고 싶어서 조바심이 듭니다. 걷고, 달리고, 기어오르고, 던지고, 뻗고, 감싸 안고, 엎드려 버티고, 돌리고, 구부리세요. 든든히 먹고, 좋은 걸 마시고, 또 움직이세요. 그렇게 나의 몸으로 살아가세요. 그러다 보면 남의 눈치를 보는 일에서 벗어나 내 몸에 꽂히는 시선을 관조하고, 욕망의 대상이 되거나 되지 않는 불안에서 멀어질 수 있을 거예요. 왜냐하면 자기 몸을 온전히 느끼고 자각하다 보면, 많은 것을 스스로 결정할 수 있는 뱃심이 근육과 함께 자라있을 거니까요.

학교 강의실에서 학생들을 만날 때면 언제나 마음이 설레고 긴장됩니다. 우리가 만나는 제한된 시간이 이들에게 얼마나 귀중한지 잘 알기 때문입니다. 청소년기 각자의 고군분투를 거쳐 대학의 강의실에 앉아 있는 이십 대 여성 대학생들에게, 때로는 지식보다 위로가 필요할지 모르겠다는 생각도 합니다. 그러나 그런 생각이 들 때마다 다짐합니다. 냉정한 지식이 그 무엇보다 적절한 위로일 수 있다는 것을 요. 동덕여대 나의 학생들이 이 책을 위로와 격려의 마음을 담아 꾹꾹 눌러 쓴 선생의 긴 편지로 읽어주길 바랍니다.

책의 취지에 공감하고 기꺼이 인터뷰에 응해주신 서백경 선생님, 문공주 교수님, 방순진 선생님, 가명의 박수진 선생님께 깊은 감사와 존경의 마음을 전합니다. 그리고 언제나 좋은 책을 쓰고자 마음먹게 하는, 여성으로 열심히 성장하고 있는 윤아와 제 인생의 페이스메이커 원용에게 흡족한 책이 완성된 기쁨을, 마지막으로 저의 달리기 친구들에게 특별한 감사 인사를 전합니다.

[1] Ibitoye M., Choi C., Tai H., Lee G., & Sommer M. (2017). Early menarche:
     A systematic review of its effect on sexual and reproductive health in low-and
     middle-income countries. PloS one, 12(6), e0178884; Li W, Liu Q., Deng X,
     Chen Y., Liu S., & Story M. (2017). Association between Obesity and Puberty
     Timing: A Systematic Review and Meta-Analysis. International Journal of Envi-
     ronmental Research and Public Health. 24; 14(10):1266.

[2] Stice E., Presnell K., & Bearman S. K. (2001). Relation of early menarche to
     depression, eating disorders, substance abuse, and comorbid psychopathology
     among adolescent girls. Developmental Psychology, 37(5), 608-619.

[3] Kim K. E., Kim S. H., Park S., Khang Y. H., & Park M. J. (2012). Changes in
     prevalence of obesity and underweight among Korean children and adolescents:
     1998-2008. Korean Journal of Obesity, 21(4), 228-235.

[4] Kim H., & Han T. I. (2021). Body image concerns among South Korean kinder-
     garteners and relationships to parental, peer, and media influences. Early Child-
     hood Education Journal, 49, 177-184.

[5] Kim O., & Kim K.(2003). Comparisons of body mass index, perception of body
     weight, body shape satisfaction, and self-esteem among Korean adolescents. Per-
     ceptual and Motor Skills, 97, 1339-1346.

[6] https://nickolaylamm.com/art-for-clients/what-would-barbie-look-like-as-an-
     average-woman/

[7] 황민경, 이성노 (2021). 필라테스 지도자의 비언어적 커뮤니케이션이 수업
     만족과 운동지속의사에 미치는 영향. 한국체육학회지, 60(4), 175-186.

[8] '아하 서울시립 청소년 성문화센터'의 홈페이지에 '국제 성교육 가이드'라 는 이름으로 게시된 도표다. 다음 문헌을 참고한 것으로 보인다. Women, U. N., & UNICEF. (2018). International technical guidance on sexuality educa- tion: an evidence-informed approach. UNESCO Publishing.

[9] Perkins, H. W., Haines, M. P., & Rice, R. (2005). Misperceiving the college drinking norm and related problems: a nationwide study of exposure to pre- vention information, perceived norms and student alcohol misuse. Journal of Studies on Alcohol, 66(4), 470-478.

[10] https://alcohol.org/health-effects/sexual-assault-college-campus/

스무 살,
내 몸을 공부할 때

초판 1쇄 펴낸날 2024년 11월 15일

지은이 박혜연
펴낸이 이은정
제작 제이오
디자인 위드텍스트 이지선

펴낸곳 도서출판 아몬드
출판등록 2021년 2월 23일 제 2021-000045호
주소 (우 10416) 경기도 고양시 일산동구 강송로 156
전화 031-922-2103 팩스 031-5176-0311
전자우편 almondbook@naver.com
페이스북 /almondbook2021 인스타그램 @almondbook

ⓒ 박혜연 2024
ISBN 979-11-92465-22-7 (03810)